LES INCAS.

Se trouve aussi :

A PARIS,

Chez BOSSANGE PÈRE ET FILS, rue de Tournon, n° 6 bis ;

A LONDRES,

Chez MARTIN BOSSANGE ET Cie, 14 Great Marlborough street.

« Jeune beauté, lui dit Mendoce, quel malheur ou quelle imprudence vous fait tomber entre nos mains ?

(Gil Blas, T. II, Chap. 46.)

LES INCAS,

OU

LA DESTRUCTION

DE L'EMPIRE DU PÉROU,

Par MARMONTEL,

DE L'ACADÉMIE FRANÇAISE.

Accordez à tous la tolérance civile, non en approuvant tout comme indifférent, mais en souffrant avec patience tout ce que Dieu souffre, et en tâchant de ramener les hommes par une douce persuasion.

(FÉNÉLON, *Direction pour la conscience d'un Roi.*)

TOME SECOND.

A PARIS,

Chez Jules BOSSANGE et TENON, libraires,
rue des Poitevins, n° 10.

DE L'IMPRIMERIE DE FIRMIN DIDOT.

1821.

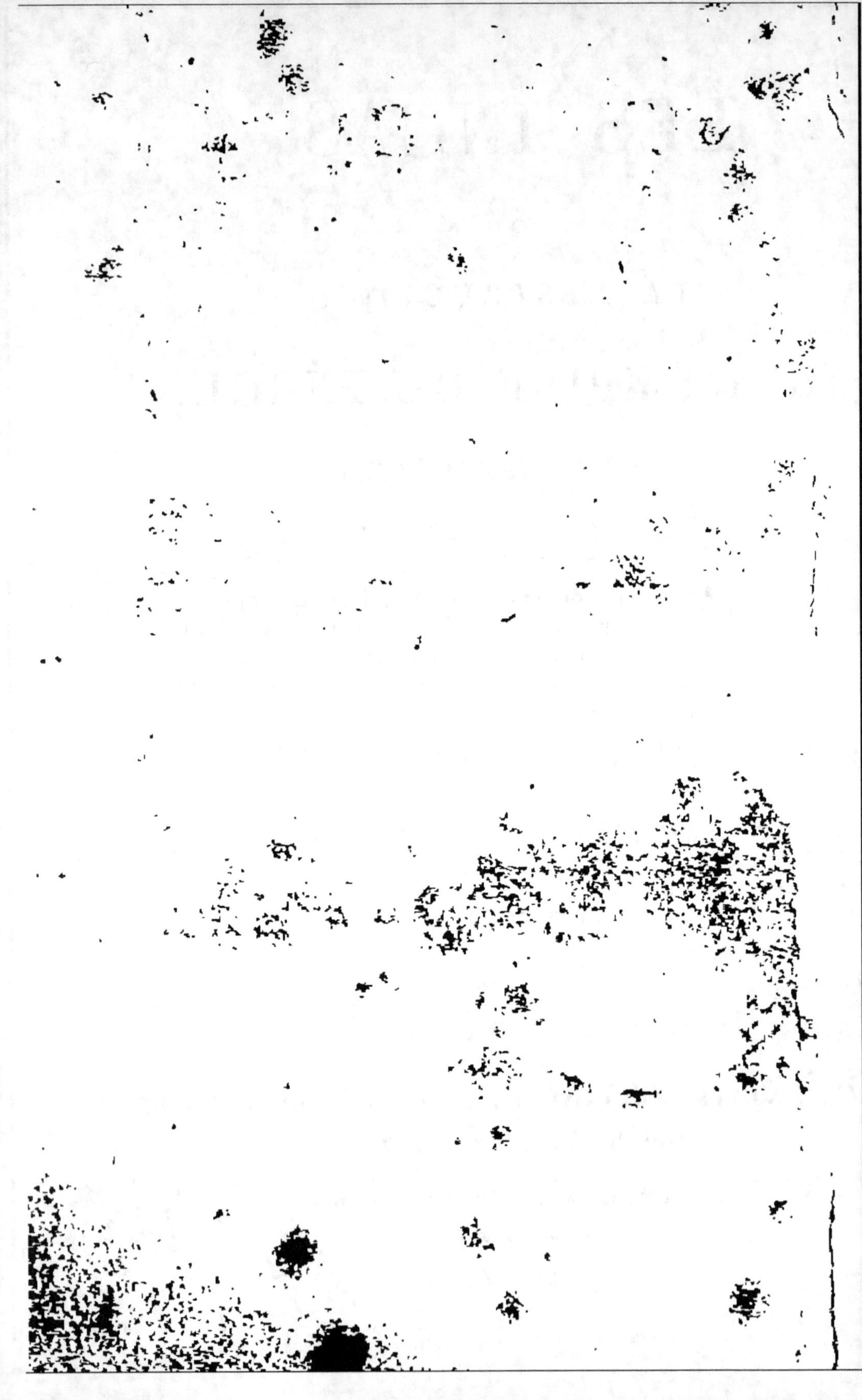

LES INCAS.

CHAPITRE VINGT-SEPT.

Avant le départ d'Alonzo, l'Inca, pour entreprendre l'ouvrage de la paix sous de favorables auspices, fit un sacrifice au soleil. Les Mexicains y assistèrent; et Alonzo lui-même, sans y participer, crut pouvoir en être témoin...

Les vierges du soleil, admises dans son temple, servaient le pontife à l'autel. C'est de leur main qu'il recevait le pain du sacrifice (1); et l'une d'elles, après l'offrande, le présentait aux Incas.

La destinée de Cora voulut qu'en ce jour solennel ce fût elle qui dut remplir ce ministère si funeste.

____

(1) Ce pain était fait du maïs le plus pur; on l'appelait Cancu.

Alonzo, par une faveur signalée du monarque, était placé auprès de lui. La prêtresse s'avance, un voile sur la tête, et le front couronné de fleurs. Ses yeux étaient baissés; mais ses longues paupières en laissaient échapper des feux étincelants. Ses belles mains tremblaient; ses lèvres palpitantes, son sein vivement agité, tout en elle exprimait l'émotion d'un cœur sensible. Heureuse si ses yeux timides ne s'étaient pas levés sur Alonzo! Un regard la perdit; ce regard imprudent lui fit voir le plus redoutable ennemi de son repos et de son innocence. Lui, dont la grace et la beauté, chez les féroces anthropophages, avaient apprivoisé des cœurs nourris de sang, quel charme n'eut-il pas pour le cœur d'une vierge, simple, tendre, ingénue, et faite pour aimer! Ce sentiment, dont la nature avait mis dans son sein le germe dangereux, se développa tout-à-coup.

Dans le tressaillement que lui causa la vue de ce mortel, dont la parure relevait encore la beauté, peu s'en fallut que la corbeille d'or qui contenait l'offrande ne lui tombât des mains. Elle pâlit; son cœur suspendit tout-à-coup et redoubla ses battements. Un frisson rapide est suivi d'un feu brûlant qui coule dans ses veines ; et sur ses genoux défaillants elle a peine à se soutenir.

Son ministère enfin rempli, elle retourne vers l'autel. Mais Alonzo, présent à ses esprits, semble l'être encore à ses yeux. Interdite et confuse de son égarement, elle jette un regard suppliant sur l'image du soleil ; elle y croit voir les traits d'Alonzo. « O dieu ! dit-elle, ô dieu ! quel est donc ce délire ? Quel trouble ce jeune étranger a mis dans tous mes sens ! Je ne me connais plus. »

Le sacrifice et les vœux offerts, l'Inca, suivi de sa cour, se retire ; les prêtresses sortent du temple, et rentrent dans l'asyle inviolable et saint qui les cache aux yeux des mortels.

Cette retraite, où Cora voyait couler ses jours dans une paisible langueur, fut pour elle, dès ce moment, une prison triste et funeste. Elle sentit tout le poids de sa chaîne ; et son cœur ne desira plus qu'un désert et la liberté, un désert où fût Alonzo : car elle ne cessait de le voir, de l'entendre, de lui parler, et de se plaindre à lui, comme s'il eût été présent. « Quoi ! jamais, jamais, disait-elle, l'illusion que je me fais ne sera qu'une illusion! Ah! pourquoi t'ai-je vu, charme unique de ma pensée, si je suis condamnée à ne plus te revoir? Ah! du moins, avant que j'expire, viens, mortel adoré, viens voir quel ravage ta seule vue a causé dans un faible cœur; viens voir et plaindre ta victime. Où es-tu? Daignes-tu penser à moi, à moi, qui brûle, qui me meurs du desir, sans espoir, de te revoir encore? Hélas! quel malheur est le mien! Je sens qu'un pouvoir invincible m'attire sans cesse vers lui; sans cesse mon ame s'élance hors de ces murs pour le chercher; dans la veille et dans le sommeil, lui seul occupe mes esprits; je donnerais ma vie pour qu'un seul de mes songes pût se réaliser, ne fût-ce qu'un moment, et ce moment, on l'a retranché de ma vie! O dieu bienfaisant! est-ce toi qui te plais à tyranniser, à déchirer un cœur sensible? Tu sais si le mien consentait au serment que t'a fait ma bouche. Un pouvoir absolu me l'a fait prononcer; mais la nature, par un cri qui a dû s'élever jusqu'à toi, réclamait dans le même instant contre une injuste violence. Mon cœur n'est point parjure; il ne t'a rien promis. Rends-moi donc à moi-même. Hélas! suis-je digne de toi? Trop faible, trop fragile, un seul moment, tu le vois, un seul regard a mis le trouble dans mon ame : éperdue, insensée, je ne commande plus à ma raison ni à mes sens. » A ces mots, prosternée, et n'osant plus voir la lumière du dieu qu'elle croyait trahir, elle se couvrait le visage de son voile arrosé de larmes. Mais bientôt l'image d'Alonzo, et cette pensée accablante, *Je ne le verrai plus*, venant s'offrir encore, faisaient éclater sa douleur. « O mon père! qu'avez-vous fait? que vous avais-je fait moi-même? pourquoi me séparer de vous? pourquoi m'ensevelir vivante? Hélas! j'avais pour vous une vénération si tendre! je vous aurais servi avec tant de zèle et d'amour! O mon père! mon père! vous m'auriez vue auprès de vous, douce consolation de votre paisible vieillesse, partager avec mon époux le devoir de vous rendre heureux, élever sous vos yeux mes enfants.... Mes enfants! ah! jamais je ne serai mère; jamais ce nom cher et sacré ne fera tressaillir mon cœur. Ce cœur est mort aux sentiments les plus tendres de la nature : ses

penchants les plus doux, ses plaisirs les plus purs
me sont interdits pour jamais. »

Cet éclair rapide et terrible, qui embrase à-la-
fois deux cœurs faits l'un pour l'autre, avait frappé le jeune Espagnol au même instant que la jeune
Indienne. Étonné de voir tant de charmes, ému,
troublé jusqu'à l'ivresse, d'un seul regard qu'elle
lui avait lancé, il la suivit des yeux au fond du
temple ; et il fut jaloux du dieu même, en le lui
voyant adorer.

Sombre, inquiet, impatient, il retourne au palais. Tout l'afflige et le gêne. Il veut rappeler sa
raison ; il se reproche un fol amour, il le condamne, il en rougit, il veut l'éloigner de son ame ;
vain reproche ! efforts inutiles ! La réflexion même
enfonce plus avant le trait qu'il voudrait arracher.
Un seul regard de la prêtresse a versé au fond de
son cœur le doux poison de l'espérance. Des vœux
indissolubles, un étroit esclavage, une garde in-
corruptible et vigilante, une austère prison, il
voit tout ; et il espère encore. Il lui est impossible
de posséder Cora, mais non pas d'avoir su lui
plaire ; « et si elle m'aimait, disait-il, si elle sa-

rait que je l'adore, si nos deux cœurs, d'intelligence, pouvaient du moins s'entendre, ah! ce serait assez. »

En s'occupant d'elle sans cesse, il passait mille fois le jour par tous les mouvements d'un amour insensé. Mais la réflexion le rendait à lui-même, et lui faisait voir l'imprudence et la honte de ses transports. Chez un peuple religieux, oser tenter un sacrilége! dans la cour d'un roi, son ami, violer les droits de l'hospitalité! exposer celle qu'il aimait à l'opprobre et au châtiment qui suivraient l'oubli de ses vœux! C'étaient autant de crimes, dont un seul eût suffi pour faire frémir Alonzo. Il en repoussait la pensée, bien résolu de n'y jamais céder.

Seulement il allait nourrir sa profonde mélancolie autour de l'enceinte sacrée des murs qui renfermaient Cora. L'enclos des vierges était vaste et ombragé d'arbres épais, dont la hauteur majestueuse ajoutait encore au respect qu'imprimait ce lieu révéré. « C'est sous ces arbres, disait-il, que la belle Cora respire. Hélas! peut-être elle y gémit; et ni la pitié ni l'amour n'oseraient entreprendre de rompre ses liens. Ces murs sont élevés, la garde en est sévère; mais combien ne serait-il pas facile encore d'y pénétrer! C'est leur sainteté qui les garde. L'amour, cet ennemi fatal du repos et de l'innocence, l'amour, tel que je le ressens, n'est point connu de ce bon peuple. L'habitude de ne desirer que les biens qui lui sont permis, le fait marcher paisiblement dans l'étroit sentier de ses lois. Qu'elles sont cruelles ces lois, dont la jeunesse, la beauté, l'amour, sont les tristes victimes! Qu'il serait juste et généreux de les en affranchir! » A ces mots, effrayé lui-même de sentir tressaillir son cœur, il s'éloignait. « Ah! disait-il, est-ce là ce projet si beau, si magnanime, qui m'avait amené à la cour de l'Inca! Je m'annonce comme un héros; je finis par être un perfide, un faible et lâche ravisseur! »

Ainsi sa vertu combattait; elle aurait triomphé sans doute. Mais un événement terrible la fit céder aux mouvements de la crainte et de la pitié.

CHAPITRE XXVIII.

HEUREUX les peuples qui cultivent les vallées et les collines que la mer forma, dans son sein, des sables que roulent ses flots, et des dépouilles de la terre ! Le pasteur y conduit ses troupeaux sans alarmes ; le laboureur y sème et y moissonne en paix. Mais malheur aux peuples voisins de ces montagnes sourcilleuses, dont le pied n'a jamais trempé dans l'océan, et dont la cime s'élève au-dessus des nues ! Ce sont des soupiraux que le feu souterrain s'est ouverts, en brisant la voûte des fournaises profondes où sans cesse il bouillonne. Il a formé ces monts, des rochers calcinés, des métaux brûlants et liquides, des flots de cendres et de bitume qu'il lançait, et qui, dans leur chute, s'accumulaient aux bords de ces gouffres ouverts. Malheur aux peuples que la fertilité de ce terrain perfide attache : les fleurs, les fruits, et les moissons, couvrent l'abyme sous leurs pas. Ces germes de fécondité, dont la terre est pénétrée, sont les exhalaisons du feu qui la dévore : sa richesse, en croissant, présage sa ruine ; et c'est au sein de l'abondance qu'on lui voit engloutir ses heureux possesseurs. Tel est le climat de Quito. La ville est dominée par un volcan terrible (1), qui, par de fréquentes secousses, en ébranle les fondements.

Un jour que le peuple indien, répandu dans les campagnes, labourait, semait, moissonnait (car ce riche vallon présente tous ces travaux à-la-fois), et que les filles du soleil, dans l'intérieur de leur palais, étaient occupées les unes à filer, les autres à ourdir les précieux tissus de laine dont le pontife et le roi sont vétus, un bruit sourd se fait d'abord entendre dans les entrailles du volcan. Ce bruit, semblable à celui de la mer, lorsqu'elle conçoit les tempêtes, s'accroît, et se change bien-

***

(1) Pichencha. Voyez la description de ce volcan et ses éruptions en 1538 et 1660, dans la relation du voyage de M. de la Condamine.

tôt en un mugissement profond. La terre tremble, le ciel gronde, de noires vapeurs l'enveloppent ; le temple et les palais chancellent et menacent de s'écrouler ; la montagne s'ébranle, et sa cime entr'ouverte vomit, avec les vents enfermés dans son sein, des flots de bitume liquide, et des tourbillons de fumée qui rougissent, s'enflamment, et lancent dans les airs des éclats de rocher brûlants qu'ils ont détachés de l'abyme : superbe et terrible spectacle, de voir des rivières de feu bondir à flots étincelants à travers des monceaux de neige, et s'y creuser un lit vaste et profond.

Dans les murs, hors des murs, la désolation, l'épouvante, le vertige de la terreur, se répandent en un instant. Le laboureur regarde, et reste immobile. Il n'oserait entamer la terre, qu'il sent comme une mer flottante sous ses pas. Parmi les prêtres du soleil, les uns, tremblants, s'élancent hors du temple ; les autres, consternés, embrassent l'autel de leur dieu. Les vierges éperdues sortent de leur palais, dont les toits menacent de fondre sur leur tête ; et courant dans leur vaste enclos, pâles, échevelées, elles tendent leurs mains timides vers ces murs, d'où la pitié même n'ose approcher pour les secourir.

Alonzo seul, errant autour de cette enceinte, entend leurs gémissantes voix. Dans le péril de la nature entière, il ne tremble que pour Cora. Les cris qui frappent son oreille, lui semblent tous être les siens. Égaré, frémissant de douleur et de crainte, et pareil au ramier qui, d'une aile tremblante, voltige autour de la prison où sa palombe est enfermée, ou tel plutôt que la lionne, qui, l'œil étincelant, rôde et rugit autour du piége où l'on a pris ses lionceaux, il cherche, il découvre, à la fin, des ruines et un passage. Transporté de joie, il gravit sur les débris du mur sacré. Il pénètre dans cet asyle où nul mortel jamais n'osa pénétrer avant lui. Les ténèbres le favorisent : un jour lugubre et sombre a fait place à la nuit; la nuit n'est éclairée que par les flots brûlants qui s'élancent de la montagne ; et cette effroyable lueur, pareille à celle de l'Érèbe, ne laisse voir aux yeux d'Alonzo que comme des ombres errantes, les prêtresses du soleil courant épouvantées dans les jardins de leur palais.

D'autres yeux que ceux d'un amant, tout occupé de l'objet qu'il adore, chercheraient inutilement l'une d'elles entre ses compagnes. Alonzo reconnaît Cora. Les graces qui, dans la frayeur, ne l'ont point abandonnée, la lui font distinguer de loin. Il retient ses premiers transports, de peur de l'effrayer. Il s'avance d'un pas timide. « Cora, lui dit-il de la voix la plus douce et la plus sensible, un dieu veille sur vous, et prend soin de vos jours. » A cette voix, Cora s'arrête intimidée; et à l'instant la terre tremble, et la montagne, avec éclat, jette une colonne de flamme, qui, dans l'obscurité, découvre aux yeux de la prêtresse son amant qui lui tend les bras.

Soit par un mouvement soudain de frayeur, ou d'amour peut-être, Cora se précipite et tombe évanouie dans les bras du jeune Espagnol. Il la soutient, il la ranime, il tâche de la rassurer. « O toi, lui dit-il, que j'adore depuis que je t'ai vue au temple, toi pour qui seule je respire, Cora, ne crains rien : c'est le ciel qui t'envoie un libérateur. Suis-moi, quittons ces lieux funestes; laisse-moi te sauver. »

Cora, faible et tremblante, s'abandonne à son guide. Il l'emporte; il franchit sans peine les débris du mur écroulé; et le premier asyle qui s'offre à sa pensée, est le vallon de Capana, du cacique ami de Las-Casas.

« Où vais-je? lui disait Cora; la frayeur a troublé mes sens. Je ne sais où je suis; je ne sais même qui vous êtes. Que vais-je devenir? Ayez pitié de moi. — Vous êtes, lui dit Alonzo, sous la garde d'un homme qui ne respire que pour vous. Je vous mène loin du danger, dans un vallon délicieux, où un cacique, mon ami, vous recevra comme sa fille. — Ah! cachez-moi plutôt, dit-elle, à tous les yeux. Il y va de ma vie; il y va de bien plus! Vous ignorez la loi terrible que vous me faites violer. Me voilà hors de cet asyle où je devais vivre cachée. Je suis les pas d'un homme, après avoir fait vœu de fuir à jamais tous les hommes. A quoi m'exposez-vous? Ah! plutôt laissez-moi périr. »

« Cora, lui répondit Alonzo, le premier devoir de tout ce qui respire, comme son premier sentiment, c'est le soin de sa propre vie; et dans un

moment où la mort vous environne et vous poursuit, il n'est ni vœu ni loi qui doivent s'opposer à
ce mouvement invincible. Quand tout sera calmé,
demain avant l'aurore, vous rentrerez dans ces
jardins, où vos compagnes effrayées auront passé la
nuit sans doute, et le secret de votre absence ne
sera jamais révélé. »

Cependant le péril s'éloigne, et bientôt il s'évanouit. La terre cesse de trembler, le volcan cesse
de mugir. Cette pyramide de feu, qui s'élevait du
sommet de la montagne, s'émousse, et paraît
s'enfoncer; les noirs tourbillons de fumée dont le
ciel était obscurci, commencent à se dissiper; un
vent d'orient les chasse vers la mer. L'azur du
ciel s'épure; et l'astre de la nuit, par sa consolante clarté, semble vouloir rassurer la nature.

Dans ce moment Alonzo et sa tendre compagne
traversaient de belles prairies, où mille arbres,
chargés de fruits, entrelaçaient leurs rameaux.
Les rayons tremblants de la lune, perçant à travers le feuillage, allaient nuancer la verdure, et
se jouer parmi les fleurs. « Respire, ma chère
Cora, dit Alonzo, repose-toi; et dans le calme

et le silence d'une nuit qui nous favorise, laisse-moi me rassasier du plaisir de te voir, d'adorer tant de charmes. » Cora consentit à s'asseoir. Le premier soin d'Alonzo fut de cueillir des fruits, qu'il vint lui présenter. Le doux savinte, le palta d'un goût plus ravissant encore, la moelle du coco, son jus délicieux, furent les mets de ce festin.

Assis aux genoux de Cora, Alonzo respirait à peine. Le trouble, le saisissement, cette timidité craintive qui se mêle aux brûlants desirs, et dont l'émotion redouble aux approches du bonheur, suspendent son impatience. Il presse de ses mains, il presse de ses lèvres la main tremblante de Cora. « Fille du ciel, lui disait-il, est-ce bien toi que je possède, toi, l'unique objet de mes vœux ? Qui m'eût dit qu'un prodige, dont frémit la nature, s'opérait pour nous réunir, et qu'il n'épouvantait la terre, que pour nous dérober aux yeux de tes surveillants inhumains ? Un dieu, sans doute, a pris pitié de mon amour et de mes peines. Ah! profitons de sa faveur. Nous voilà seuls, libres, cachés, et n'ayant pour témoin que la nuit.

qui jamais n'a trahi les tendres amants. Mais ces instants si précieux s'écoulent; n'en perdons plus aucun; et, si je te suis cher, dis-moi: Sois heureux. » — Sois heureux, dit-elle; » et dès ce moment un nuage se répandit sur l'avenir.

A leurs yeux tout s'est embelli. La sérénité de la nuit, la solitude, le silence, ont pour eux un charme nouveau. « Ah! le délicieux séjour! disait Cora. Pourquoi chercher un autre asyle? Cette douce clarté, ces gazons, ces feuillages semblent nous dire : Où voulez-vous aller? où serez-vous mieux qu'avec nous? — O douce moitié de moi-même, dit Alonzo, ainsi toujours puisses-tu te plaire avec moi! Passons ici la nuit; et demain, dès l'aube du jour, fuyons des lieux où tu es captive. Allons... que sais-je? où le destin nous conduira : fût-ce dans un antre sauvage, j'y vivrais heureux avec toi; et sans toi, je ne puis plus vivre. » Ainsi le fol amour faisait parler Alonzo. Cora le pressait dans ses bras; et il sentait tomber sur son visage les larmes qu'elle répandait. « Mon ami, lui dit-elle, éloignons, s'il se peut, une prévoyance affligeante. Je suis avec toi, je ne veux m'occuper que de toi : qu'un bien que j'ai tant souhaité ne soit pas mêlé d'amertume. »

Cora ne savait point encore le nom de son amant ; elle desira de l'entendre, et le répéta mille fois. Il lui parla de sa patrie ; il voulut même la flatter de la douce espérance de voir un jour avec lui les bords où il était né. Elle n'en fut point abusée, et la réflexion cruelle écarta cette illusion. Enfin le sommeil suspendit tous les mouvements de leurs ames ; et Cora, aux genoux d'Alonzo, reposa jusqu'au point du jour.

L'étoile du matin éveille les oiseaux, et leurs chants éveillent Alonzo. Il ouvre les yeux, et il voit Cora : ses yeux parcourent mille charmes. Il approche sa bouche de ses lèvres de rose, où la volupté lui sourit ; il en respire l'haleine ; et son ame y vole, attirée par un souffle délicieux.

Cora s'éveille ; un tressaillement mêlé de frayeur et de joie, exprime son émotion. « Est-ce toi, dit-elle en se précipitant dans le sein d'Alonzo, est-ce bien toi que je retrouve ? Ah ! je croyais t'avoir perdu. — Non, Cora, non ; rassure-toi : nous ne serons point séparés. Mais hâtons-nous :

voici l'aube du jour ; gagnons le détroit des montagnes ; et sur la foi de la nature, qui nourrit les hôtes des bois, cherché avec moi, dans leur asyle, la liberté, le premier des biens après l'amour. — Ah ! cher Alonzo, dit Cora, que ne suis-je seule, avec toi, dans ces forêts où elle règne ! que n'y suis-je inconnue au reste des mortels ! » Et, en disant ces mots, elle le serrait dans ses bras ; elle frémissait ; et ses yeux, attachés sur ceux de son amant, se remplissaient de larmes. Attendri et troublé lui-même, il la presse de lui avouer ce qui l'agite. Elle s'effraie du coup qu'elle va lui porter ; mais elle cède enfin. « Délices de mon ame, mon cher Alonzo, lui dit-elle, mon cœur est déchiré ; le tien va l'être ; mais pardonne : un devoir sacré, un devoir terrible m'enchaîne ; il va m'arracher de tes bras ; voici le moment d'un éternel adieu. — Ah ! que dis-tu, cruelle ? — Écoute. En me dévouant aux autels, mes parents répondirent de ma fidélité. Le sang d'un père, d'une mère, est garant des vœux que j'ai faits. Fugitive et parjure, je les livrerais au supplice ; mon crime retomberait sur eux ; et ils en porteraient la peine : telle

est la rigueur de la loi. — O dieu! — Tu frémis!
— Malheureuse! qu'as-tu fait? qu'ai-je fait moi-
même? s'écria-t-il en se précipitant le front contre
terre et en s'arrachant les cheveux. Que ne m'as-
tu montré plus tôt l'abyme où je tombais, où je
t'entraînais?... Laisse-moi. Ton amour, ta douleur,
tes larmes redoublent l'horreur où je suis... Que
veux-tu? que je te remmène? Tu veux ma mort...
Te retenir? oh! non; je ne suis pas un monstre.
Je ne souffrirai pas que tu sois parricide; je ne le
souffrirai jamais. Va-t'en... cruelle !.. Arrête!
arrête! je me meurs. »

Cora, désolée et tremblante, était revenue à
ses cris, était tombée à ses genoux. Il la regarde,
il la prend dans ses bras, l'arrose de ses pleurs,
se sent baigner des siens, lui jure un éternel
amour; et, dans l'excès de sa douleur, il s'égare
et s'oublie encore. « Que faisons-nous? lui dit
Cora; voilà le jour. Si nous tardons, il ne sera
plus temps; et mon père, et ma mère, et leurs
enfants, tout va périr. Je vois le bûcher qui s'allume. — Viens donc, viens, lui dit-il, avec le regard sombre, l'air farouche du désespoir; » et

tout-à-coup s'armant de force, de cette force courageuse qui foule aux pieds les passions, il la prend par la main, et, marchant à grands pas, la remmène, pâle et tremblante, jusqu'au pied de ces murs, où elle va cacher son crime, son amour, et son désespoir.

L'amour, dans l'ame de Cora, n'avait été, jusqu'au moment de cette fatale entrevue, qu'un délire confus et vague : elle n'en connut bien la force que lorsqu'elle en eut possédé l'objet. Sa passion, en s'éclairant, a redoublé de violence ; le souvenir et le regret en sont devenus l'aliment ; et le désir, sans espérance, toujours trompé, toujours plus vif et plus ardent, en est le supplice éternel.

Mais du moins elle est sans remords et sans frayeur sur l'avenir. Le désordre de cette nuit, où chacun tremblait pour soi-même, n'a pas permis qu'on s'aperçût de sa fuite et de son absence ; elle ne se fait point un crime de l'égarement où l'ont précipitée le péril, la crainte, et l'amour. Sa plus cruelle prévoyance est d'être en proie au feu qui la consume, et qui ne s'éteindra jamais.

Son amant est plus malheureux ; il éprouve les mêmes peines, et de plus un souci rongeur qui le tourmente incessamment.

Oh ! sous combien de formes, diversement cruelles, l'amour tyrannise les cœurs ! Alonzo tremblait d'être père ; et ce danger, que l'innocence dérobait aux yeux de Cora, était sans cesse présent aux siens. Il se rappelle avec effroi les plus doux moments de sa vie, et déteste l'amour qui l'a rendu heureux. Cependant il fallut partir. Mais, en s'éloignant de Quito, il sentit son ame, attirée par une force irrésistible, se détacher de lui, s'élancer vers les murs où son amante gémissait.

CHAPITRE XXIX.

Une route immense, aplanie d'une extrémité de l'empire à l'autre, à travers les hautes montagnes, les abymes, et les torrents (1), monument prodigieux de la grandeur des Incas ; et sur cette route les arsenaux distribués par intervalles, les hospices sans cesse ouverts aux voyageurs, les forteresses et les temples, les canaux qui dans les campagnes faisaient circuler l'eau des fleuves (2),

---

(1) La route de Quito à Cusco, et par-delà, avait cinq cents lieues. Elle fut faite sous le règne de *Huaina Capac*. Sous le même règne, l'on en fit une de la même étendue dans le plat pays, et plusieurs autres qui traversaient l'empire du centre aux extrémités. C'étaient des levées de terre de quarante pieds de largeur, qui mettaient les vallées au niveau des collines.

(2) Un de ces canaux, dans les plaines du couchant, avait cent cinquante lieues de longueur du sud au nord.

les merveilles de la nature, dans des climats nouveaux pour le jeune Espagnol, rien ne put effacer Cora de sa pensée. Son image, qu'en soupirant il écartait toujours, lui revenait sans cesse.

Enfin l'impérieuse voix de l'amitié se fit entendre. Alonzo tout-à-coup sortit comme d'un long délire ; et, en s'approchant de Cusco, les soins dont il était chargé commencèrent à l'occuper. Il se fit précéder par trois caciques, et s'annonça au monarque en ces mots : « Un homme né par-delà les mers, et vers les bords d'où le soleil se lève, un Castillan, reçu dans la cour de ton frère, vient te voir, et t'apporte des paroles de paix. »

La renommée des Castillans était parvenue à Cusco ; et ce nom, devenu terrible, frappa le superbe Huascar. Il envoya au-devant d'Alonzo une partie de sa cour, et le reçut lui-même dans toute la splendeur de la majesté des Incas, élevé sur un trône d'or, dans un palais dont les lambris, les murs même, étaient revêtus de ce métal éblouissant, ayant à ses pieds vingt caciques, et à ses côtés vingt tribus d'Incas descendants de Manco.

Alonzo, qui jamais n'avait rien vu de si auguste, en fut saisi d'étonnement. Le prince, avec une bonté majestueuse, lui fit signe de s'approcher et de parler.

« Inca, lui dit Alonzo, c'est un présent du ciel, qu'un frère vertueux et tendre; c'est un don du ciel, non moins rare, qu'un véritable ami. Réjouis-toi : le ciel t'a donné l'un et l'autre dans le roi de Quito. Son ame m'est connue; et mon cœur, qui jamais n'a su mentir, répond du sien. Vous êtes tous deux menacés par un ennemi redoutable, qui s'avance de l'Orient. Vous avez besoin l'un de l'autre pour résister à ses efforts. Réunis, vous pouvez le vaincre; divisés, vous êtes perdus. L'inca, ton frère, demande ton secours, et t'offre celui de ses armes. Tel est l'objet de l'ambassade dont il m'honore auprès de toi.»

« J'ai bien voulu t'entendre, lui répondit l'Inca, quoique envoyé par un rebelle; mais, avant tout, n'es-tu pas toi-même un de ces étrangers nouvellement descendus sur nos bords, et qui, dans les campagnes d'Acatamès, ont semé l'épouvante? Tu te dis Castillan; c'est, je crois, le nom qu'on leur donne ; ils viennent, dit-on, comme toi, des bords de l'Orient. »

« Oui, je suis du nombre de ceux que l'on a vus sur ce rivage, lui dit Alonzo. Je cherchais la gloire sur leurs pas : je n'ai vu que le crime ; et je les ai abandonnés. J'aime la bonne foi, j'honore la droiture et la grandeur d'ame ; et c'est ce qui m'attache à ce généreux prince qui te parle ici par ma voix. Tous les deux nés du même sang, enfants du même père, aimez-vous, et vivez en paix ; vous serez heureux et puissants. »

« S'il se souvient, reprit Huascar, de quel père nous sommes nés, qu'il se rappelle aussi quels rangs nous a marqués la naissance. Le soleil n'a donné qu'un maitre à cet empire ; le règne de son fils doit être l'image du sien. Il n'a point d'égal dans le ciel ; et je n'en veux point sur la terre. »

« Inca, lui répondit Alonzo, je veux bien parler ton langage, et supposer ce que tu crois. N'aimes-tu pas assez les hommes, et n'estimes-tu pas assez les lois de tes aïeux, pour souhaiter que l'univers fût rangé sous ces loix paisibles ? »

« Sans doute, répondit l'Inca, je le souhaite, et je l'espère ; c'est la volonté du soleil, les temps la verront s'accomplir. »

« Et alors, poursuivit Alonzo, le monde n'aura-t-il qu'un roi, comme il n'a qu'un soleil ? La sagesse d'un homme étendra - t - elle ses regards aussi loin que l'astre du jour étend l'éclat de sa lumière ? Tu n'oserais le croire ; ose donc avouer que ta vigilance a des bornes, que ta puissance en doit avoir, et qu'il serait injuste de vouloir envahir ce que l'on ne peut gouverner. »

« Étranger, quelle est ton audace, interrompit l'Inca, de venir me marquer les limites de ma puissance ? »

« Ce n'est pas moi, lui dit Alonzo, c'est la nature qui les a marquées ; je ne dis que ce qu'elle a fait. Je t'avertis que tu es homme par ta faiblesse, quand tu veux être un dieu par ton ambition. »

« Je suis homme, mais je suis roi, reprit l'Inca ; et ce nom seul t'apprend le respect qui m'est dû. »

« Sache, lui dit Alonzo, que mes pareils parlent aux rois sans les flatter, et les respectent sans les craindre. Il ne tient qu'à toi de me voir à tes pieds ; mais commence par être juste, et par honorer la mémoire d'un père qui fut roi lui-même. C'est de sa main que ton frère a reçu le sceptre que tu lui disputes ; et en désavouant le don qu'il lui a fait, tu l'insultes dans son tombeau, et tu foules aux pieds sa cendre. »

L'Inca frémit ; mais son orgueil l'emporta sur sa pitié. « Mon père, dit-il, a vieilli ; et dans cet état de défaillance, l'homme est crédule et facile à tromper. Il a cédé aux artifices d'une femme ambitieuse ; et pour le fils de l'étrangère, il a déshérité celui que les sages lois de Manco lui avaient donné pour successeur. »

« Il t'a remis, lui dit Alonzo, tout ce qu'il avait reçu : il n'a disposé que de sa conquête. »

« Si, comme lui, chacun de nos rois, dit le prince, eût dissipé ce qu'il avait acquis, où serait leur empire ? L'unité de pouvoir en fait la grandeur et la force ; et mon père, qui, sans partage, l'avait reçu de ses aïeux, devait le laisser sans partage. On l'a surpris ; et sans cesser d'honorer ses vertus, de révérer sa cendre, je puis désavouer un moment de faiblesse, qui lui fit oublier mes droits. »

« Apprends, lui dit Alonzo, qu'au nord de ces climats, un empire aussi vaste, plus puissant que le tien, vient d'être ravagé, détruit, inondé du sang de ses peuples, pour avoir été divisé. Ses princes, à peine échappés au glaive du vainqueur, se sont réfugiés dans la cour de l'Inca ton frère ; et leur malheur atteste ce que je te prédis. Un ennemi terrible va vous trouver tous deux affaiblis, défaits l'un par l'autre. Ah ! songe à sauver ton empire ; et quand la foudre est sur ta tête et l'abyme à tes pieds, tremble, malheureux prince, tremble toi-même, au lieu de menacer. »

Toute la cour qui l'entendait, parut troublée à ce langage ; l'Inca lui-même en fut ému. Mais dissimulant sa frayeur sous les dehors de la fierté :

« C'est, dit-il, à l'usurpateur à prévenir les maux dont il serait la cause, et à se ranger sous mes lois. »

« Ne l'espère pas, dit Alonzo, consterné de sa résistance. Ataliba, couronné par un père expirant, ne croira jamais avoir usurpé ce qu'il a reçu

2.

de son père. Il regarde sa volonté comme une inviolable loi. Il faut, pour le chasser du trône, l'en arracher sanglant : je te répète ses paroles. C'est à toi de voir si tu veux te baigner dans le sang d'un frère vertueux, qui t'aime, qui fait sa gloire et son bonheur d'être ton allié, ton ami le plus tendre ; qui te conjure, au nom d'un père, de ne pas révoquer les dons qu'il lui a faits ; qui te conjure, au nom de son peuple et du tien, de ne pas le forcer à une guerre impie. Dispose de lui, de ses armes : il ne craint point la guerre ; il a sous ses drapeaux un peuple fidèle et vaillant ; il a vingt rois autour de lui, tous aussi dévoués que moi. Tout ce qu'il craint, c'est de verser le sang de ses amis, de sa famille, de ces peuples, qui, sujets de vos pères, nés sous les mêmes lois, sont ses enfants comme les tiens. Consulte, comme lui, ton cœur : il doit être bon, magnanime, sensible au moins à la pitié. Il ne s'agit pas de régler entre nous tes droits et les siens ; de pareils débats n'ont jamais été vidés que par les armes. Il s'agit de savoir lequel des deux perd le plus à céder. Il y va, pour lui, d'un royaume ; pour toi, d'une province inutile à ta gloire, à ta puissance, à ta grandeur. Il défend, avec sa couronne, l'honneur de son père et le sien ; et à ces intérêts qu'opposes-tu ? l'orgueil de ne point souffrir de partage ! Vois si cela mérite d'allumer entre vous les feux d'une guerre civile, au moment qu'un péril commun vous presse de vous réunir. »

Le fier Huascar n'en voulut pas entendre davantage. Mais la franchise courageuse, la noble fermeté d'Alonzo, laissèrent dans tous les esprits l'étonnement et le respect ; l'Inca lui-même en fut saisi.

« Je ne sais, disait-il, mais cette race d'hommes a quelque chose d'imposant et de supérieur à nous. Je veux gagner la bienveillance et l'estime de celui-ci. Qu'on lui rende tous les honneurs qui sont dus à son ministère et à la dignité dont il est revêtu. »

Il l'admit à sa table ; et prenant avec lui le ton de l'amitié : « Castillan, lui dit-il, je veux bien accéder, autant que je le puis sans honte, à la paix que tu me proposes. Qu'Ataliba garde son apanage; qu'il règne à Quito, j'y consens, mais tributaire de l'empire, et obligé de rendre hommage à l'aîné des fils du soleil. »

Quoi qu'il y eût peu d'apparence qu'Ataliba subît cette condition, Alonzo ne crut pas devoir la rejeter sans l'en instruire; et, en attendant sa réponse, il eut le temps de voir tout ce qui décorait, et au-dedans et au-dehors, la florissante ville du soleil.

CHAPITRE XXX.

———

Le temple du soleil, le palais du monarque,
ceux des Incas, celui des vierges, la forteresse à
triple enceinte qui dominait la ville et qui la
protégeait, les canaux qui, du haut des montagnes voisines, y répandaient en abondance les
eaux vives et salutaires, l'étendue et la magnificence des places qui la décoraient, ces monuments, dont il ne reste plus que de déplorables
ruines, le frappaient d'admiration. « Sans le fer,
disait-il, sans l'art des mécaniques, la main de
l'homme a opéré tous ces prodiges ! Elle a roulé
ces rochers énormes; elle en a formé ces murailles dont la structure m'épouvante, dont la
solidité ne cédera jamais qu'aux lentes secousses
du temps et à l'écroulement du globe. On peut
donc suppléer à tout par le travail et la constance ? »

Mais il voyait avec effroi cet amas incroyable d'or, qui, dans le temple et les palais, tenait lieu du fer, du bois, et de l'argile, et, sous mille formes diverses, éblouissait par-tout les yeux (1). « Ah ! disait-il, en soupirant, si jamais l'avarice européenne vient à découvrir ces richesses, avec quelle avide fureur elle va les dévorer ! »

Le culte du soleil avait à Cusco une majesté sans égale. La magnificence du temple, la splendeur de la cour, l'affluence des peuples, l'ordre des prêtres du soleil, et le chœur des vierges choisies (2) plus nombreux et plus imposant, donnaient, dans cette ville, à la pompe du culte un caractère si auguste, qu'Alonzo même en fut pénétré de respect.

Il y avait dans toutes les fêtes, des rites, des jeux, des festins, des sacrifices usités. Ce qui dis-

---

(1) Les historiens ont poussé jusqu'à l'extravagance l'exagération de ces richesses. Il y avait, dit Garcilasso, des bûchers de lingots d'or en forme de bûches, des greniers remplis de grains d'or, etc.

(2) A Cusco elles étaient au nombre de 1500.

tinguait celle du mariage, c'était le don du feu céleste. Alonzo la vit célébrer. C'était le jour où le soleil, terminant sa course au midi, se repose sur le tropique, pour revenir sur ses pas vers le nord.

On observait l'instant où le flambeau du jour étant sur son déclin, les colonnes mystérieuses formaient, vers l'orient, une ombre égale à elles-mêmes ; et alors l'Inca, prosterné devant le Soleil son père : « Dieu bienfaisant, lui disait-il, tu vas t'éloigner de nous, et rendre la vie et la joie aux peuples d'un autre hémisphère, que l'hiver, enfant de la nuit, afflige loin de toi ; nous n'en murmurons pas. Tu ne serais pas juste si tu n'aimais que nous, et si, pour tes enfants, tu oubliais le reste du monde. Suis ton penchant ; mais laisse-nous, comme un gage de ta bonté, une émanation de toi-même ; et que le feu de tes rayons, nourri sur tes autels, répandu chez ton peuple, le console de ton absence et l'assure de ton retour. »

Il dit, et présente au soleil la surface creuse et polie d'un cristal (1) enchâssé dans l'or : arti-

____

(1) Ils avaient le cristal de roche. Garcilasso dit que

fice mystérieux qu'on avait grand soin de cacher au peuple, et qui n'était connu que des Incas. Les rayons croisés en un point tombent sur un bûcher de cèdre et d'Aloès, qui tout-à-coup s'enflamme, et répand dans les airs le plus délicieux parfum.

C'était ainsi que le sage Manco avait fait attester aux Indiens, par le soleil lui-même, qu'il l'envoyait pour leur donner des lois. « O Soleil, lui dit-il, si je suis né de toi, que tes rayons, du haut des cieux, allument ce bûcher que ma main te consacre; » et le bûcher fut allumé.

La multitude, en voyant ce prodige se renouveler tous les ans, fait éclater les transports de sa joie; chacun s'empresse à recueillir une parcelle du feu céleste; le monarque le distribue à la famille des Incas; ceux-ci le font passer au peuple; et les prêtres veillent au soin de l'entretenir sur l'autel.

---

l'on tirait le feu céleste avec une petite coupe d'or, *comme la moitié d'une orange*, que le grand-prêtre portait en bracelet.

Alors s'avancent les amants que l'âge appelle aux devoirs d'époux (1); et rien de plus majestueux que ce cercle immense, formé d'une florissante jeunesse, la force et l'espoir de l'État, qui demande à se reproduire, et à l'enrichir à son tour d'une postérité nouvelle. La santé, fille du travail et de la tempérance, y règne, et s'y joint avec la beauté, ou supplée à la beauté même.

« Enfants de l'État, dit le prince, c'est à-présent qu'il attend de vous le prix de votre naissance. Tout homme qui regarde la vie comme un bien, est obligé de la transmettre et d'en multiplier le don. Celui-là seul est dispensé de faire naître son semblable, pour qui c'est un malheur que de vivre et que d'être né. S'il en est quelqu'un parmi vous, qu'il élève la voix ; qu'il dise ce qui lui fait haïr le jour ; c'est à moi d'écouter ses plaintes. Mais si chacun de vous jouit paisiblement des bienfaits du Soleil mon père, venez, en vous donnant une foi mutuelle, vous engager

____

(1) Vingt-cinq ans pour les garçons, et vingt ans pour les filles. (GARCILASSO.)

à reproduire et à perpétuer le nombre des heureux. »

On n'entendit pas une plainte ; et mille couples, tour-à-tour, se présentèrent devant lui. « Aimez-vous, observez les lois, adorez le Soleil mon père, » leur dit le prince ; et pour symbole des travaux et des soins qu'ils allaient partager, il leur faisait toucher, en se donnant la main, la bêche antique de Manco, et la quenouille d'Oello, sa laborieuse compagne.

Alonzo, parcourant des yeux ce cercle de jeunes beautés, soupira, et dit en lui-même : « Ah ! si dans cette fête, Cora, tu paraissais, fille céleste, tous ces charmes seraient effacés par les tiens. »

L'une des jeunes épouses, en approchant de l'Inca, avait les yeux mouillés de pleurs. Le prince, qui s'en aperçoit, lui demande ce qui l'afflige. Elle gardait encore un timide et triste silence. L'Inca daigne la rassurer. « Hélas ! dit-elle, j'espérais consoler l'amant de ma sœur : car ma sœur est si belle, qu'on la réserve pour le temple ; et le malheureux Ireilo, à qui mon père la refuse, renait pleurer auprès de moi. Élina, me dit-il un jour, tu n'es pas aussi belle, mais tu es aussi douce : ton cœur est bon, il est sensible; tu aimes tendrement Méloé; je sais combien tu lui es chère; je croirai la voir dans sa sœur : tiens-moi lieu d'elle, par pitié. Je refusai d'abord : Méloé, tout en pleurs, me pressa de prendre sa place. Qui le consolera, si ce n'est toi? me dit-elle. Vois comme il est affligé. Je le veux bien, lui dis-je, si cela le console. Il le croyait; il le promit. Hé bien, il vient de m'avouer qu'il ne peut jamais aimer qu'elle, et qu'il la pleurera toujours. »

L'Inca fit appeler le père d'Élina et de Méloé. « Amenez-moi Méloé, lui dit-il. Vous la réservez pour le temple; mais le soleil veut des cœurs libres, et le sien ne l'est pas. Elle aime ce jeune homme; et je veux qu'il soit son époux. Pour Élina, je prendrai soin de lui en choisir un digne d'elle. »

Le père obéit. Méloé s'avance affligée et tremblante. Mais dès qu'elle voit Ireilo, et qu'elle entend que c'est à lui qu'on accorde sa main, sa beauté se ranime; un doux ravissement éclate sur son front; et levant ses yeux attendris sur les yeux de son jeune amant : « Tu ne seras donc plus affligé ? lui dit-elle. C'est tout ce que je souhaitais. »

Un nouveau couple se présente; et tout-à-coup un jeune homme éperdu fend la foule, s'élance entre les deux époux, et tombant aux pieds de l'Inca : « Fils du soleil, s'écria-t-il, empêchez Osaï de manquer à la foi qu'elle m'a donnée : c'est moi qu'elle aime. Elle va faire son malheur, en faisant le mien. »

Le roi, surpris de son audace, mais touché de son désespoir, lui permit de parler. « Inca, dit-il, daigne m'entendre. C'était le temps de la moisson ; je faisais celle de mon père ; on annonça celle du sien. Hélas ! disais-je, c'est demain qu'on moissonne le champ du père d'Osaï ; mes rivaux s'y rendront en foule, quel malheur si je n'y suis pas ! Hâtons-nous, redoublons d'ardeur pour achever la moisson de mon père. J'en vins à bout; j'étais épuisé de fatigue; j'allai me reposer : le sommeil me trompa; et quand je m'éveillai, votre père éclairait le monde. Désolé, j'arrive; et je trouve Osaï dans les champs, avec le jeune Mayobé, qui, dès l'aube du jour, avait moissonné avec elle. Va, Nelti, tu ne m'aimes point, et tu ne chéris point mon père, me dit-elle avec mépris : l'amour et l'amitié auraient été plus diligents. Elle ne voulut point m'entendre; et depuis, elle n'a cessé de m'éviter et de me fuir. Mais elle m'aime encore; oui, sois sûr qu'elle m'aime : car elle, qui jamais ne trompe, m'a dit souvent : Nelti, je n'aimerai que toi. »

« Osaï, demanda le prince, est-il vrai ? — Non, jamais je n'eusse aimé que lui; mais l'ingrat! il a négligé la moisson de mon père, qui l'aimait comme son enfant. » A ces mots elle s'attendrit. « Tu l'aimes, et tu lui pardonnes, reprit l'Inca. Reçois sa main. Et toi, dit-il à Mayobé, cède-lui son amante; et pour te consoler, regarde : celle-ci n'est-elle pas assez belle? — Ah! si belle, qu'Osaï même ne l'efface point à mes yeux, dit le jeune homme. — Hé bien, si tu lui plais, je te la donne, dit le prince. Y consentez-vous, Élina? — Je le veux bien, dit-elle, pourvu qu'il ne s'afflige pas : car c'est la joie du mari qui fait la gloire de la femme. Ma mère me l'a dit souvent, et mon cœur me le dit aussi. »

Tels étaient, parmi ce bon peuple, les plus grands troubles de l'amour.

Au milieu des chants et des danses qui précédaient les sacrifices, un prodige parut dans l'air; et il attira tous les yeux. On vit un aigle assailli et déchiré par des milans, qui, tour-à-tour, fondaient sur lui d'un vol rapide (1). L'aigle, après s'être débattu sous leurs griffes tranchantes, tombe, épuisé de sang, au pied du trône de l'Inca et au milieu de sa famille. Le roi, comme le peuple, en fut d'abord saisi d'étonnement et de frayeur; mais avec cette fermeté qui ne l'abandonnait jamais : « Pontife, dit-il, immolez sur l'autel du Soleil mon père, cet oiseau, l'image frappante de l'ennemi qui nous menace, et qui vient tomber sous nos coups. »

Le pontife invita le prince à venir dans le sanctuaire. « Je vous suis, lui dit Huascar; mais ca-

---

(1) Ce trait est pris de Garcilasso.

chez la frayeur qui se peint sur votre visage. Le vulgaire n'a pas besoin qu'on l'avertisse de trembler. »

« Regardez, lui dit le pontife avant que d'entrer dans le temple, ces trois cercles empreints sur le front pâlissant de l'épouse du Soleil. » La lune se levait alors sur l'horizon; et l'Inca vit distinctement trois cercles marqués sur son disque, l'un couleur de sang, l'autre noir, l'autre nébuleux, et semblable à une trace de fumée.

« Prince, lui dit le prêtre, ne nous déguisons pas la vérité de ces présages. Ce cercle de sang est la guerre; le cercle noir annonce les revers; et ce trait de fumée, plus effrayant encore, est le présage de la ruine. »

« Le Soleil, lui dit le monarque, vous a-t-il révélé ce malheureux avenir? — Je l'entrevois, dit le pontife; le Soleil ne m'a point parlé. —Laissez-moi donc, reprit l'Inca, le dernier bien qui reste à l'homme, l'espérance, qui l'encourage et le soutient dans ses malheurs. Tout ce qui peut n'être qu'un jeu, qu'un accident de la nature, ne se doit jamais expliquer comme un signe prodigieux, à moins qu'il ne soit à-propos d'en intimider le vulgaire. Ce n'est pas ici le moment. »

CHAPITRE XXXI.

Huascar, loin de laisser paraître le trouble élevé dans son ame, se montra aux yeux d'Alonzo plus ferme et plus résolu que jamais; il le mena le lendemain dans ces jardins (1) éblouissants, où l'on voyait, imités en or et avec assez d'industrie, les plantes, les fleurs, et les fruits qui naissent dans ces climats. Ce qui eût été parmi nous un exemple inouï de luxe, n'annonçait là que l'abondance et l'inutilité de l'or.

De ces jardins, où l'art s'était joué à copier la nature, l'Inca fit passer Alonzo dans ceux où la nature même étalait ses propres richesses. Ils occupaient un vallon charmant, au bord du fleuve Apurimac. Ces jardins étaient l'abrégé des campagnes du Nouveau-Monde. Des touffes d'arbres

______

(1) Ceci est historique.

majestueux, associant leurs ombres, mariant leurs rameaux, formaient, par la variété de leur bois et de leur feuillage, un mélange rare et frappant. Plus loin, des bosquets, composés d'arbustes couronnés de fleurs, attiraient et charmaient la vue. Là, des prairies odorantes répandaient les plus doux parfums. Ici les arbres d'un verger, ployant sous le poids de leurs fruits, étendaient et ployaient leurs branches au-devant de la main dont ils sollicitaient le choix. Là, des plantes, d'une vertu ou d'une saveur précieuse, semblaient présenter à l'envi des secours à la maladie et des plaisirs à la santé.

Alonzo parcourait ces jardins enchantés, d'un œil triste et compatissant. « Ces beaux lieux, disait-il, ces asyles sacrés de la paix et de la sagesse seront-ils violés par nos brigands d'Europe? et sous la hache impie les verrai-je tomber, ces arbres dont l'antique ombrage a couvert la tête des rois ? »

Non loin de Cusco est un lac que le peuple indien révère : car ce fut, dit-on, sur ses bords que Manco descendit avec Oello sa compagne; et

au milieu du lac est une île riante, où les Incas
ont élevé un superbe temple au soleil. Cette île
est un lieu de délices; et sa fertilité semble tenir
de l'enchantement. Ni les prairies de Chita, où
l'on voyait bondir les troupeaux du soleil; ni les
champs de Colcampara, dont la moisson lui était
consacrée; ni la vallée de Youcaï, qu'on appelait
le jardin de l'Empire, n'égalaient cette île en
beauté. Là, mûrissaient les fruits les plus délicieux; là, se recueillait le maïs, dont la main
des vierges choisies faisait le pain des sacrifices.

Le roi voulut aussi lui-même y conduire Alonzo.
Le jeune Castillan ne pouvait se lasser d'y admi-
rer, à chaque pas, les prodiges de la culture.

Il vit les prêtres du soleil labourer eux-mêmes
leurs champs. Il s'adresse à l'un d'eux, que sa
vieillesse et son air vénérable lui avaient fait remarquer. « Inca, lui dit-il, serait-ce à vous de
vaquer à ces durs travaux? N'en êtes-vous pas
dispensé par votre ministère auguste? et n'est-ce
point le profaner que de vous dégrader ainsi? »

Quoique Alonzo parlât la langue des Incas, celui-ci crut ne pas l'entendre. Appuyé sur sa bêche,

il le regarde avec étonnement. « Jeune homme, lui dit-il, que me demandes-tu? et que vois-tu d'avilissant dans l'art de rendre la terre fertile? Ne sais-tu pas que, sans cet art divin, les hommes, épars dans les bois, seraient encore réduits à disputer la proie aux animaux sauvages? Souviens-toi que l'agriculture a fondé la société, et qu'elle a, de ses nobles mains, élevé nos murs et nos temples. »

« Ces avantages, dit Alonzo, honorent l'inventeur de l'art; mais l'exercice n'en est pas moins humiliant et bas, autant qu'il est pénible : c'est du moins ainsi que l'on pense dans les climats où je suis né. »

« Dans vos climats, dit le vieillard, il doit être honteux de vivre, puisqu'on attache de la honte à travailler pour se nourrir. Ce travail, sans doute, est pénible, et c'est pour cela que chacun y doit contribuer; mais il est honorable autant qu'il est utile; et, parmi nous, rien ne dégrade que le vice et l'oisiveté. »

« Il est étrange cependant, reprit Alonzo, que des mains qui se consacrent aux autels, et qui

vieunent d'y présenter les parfums et les sacrifices, prennent, l'instant d'après, la bêche et le
hoyau, et que la terre soit labourée par les enfants du soleil. »

, «Les enfants du soleil font ce que fait leur
père, dit le prêtre. Ne vois-tu pas qu'il est tout
le jour occupé à fertiliser nos campagnes? Tu
l'admires dans ses bienfaits, et tu reproches à ses
enfants de l'imiter dans leurs travaux! »

, Le jeune Espagnol, confondu, insistait cependant encore. « Mais le peuple, dit-il, n'est-il pas
obligé de cultiver pour vous les champs qui vous
nourrissent? »

« Le peuple est obligé de venir à notre aide,
dit le vieillard; mais c'est à nous d'être avares de
sa sueur. »

« Vous avez, dit Alonzo, de quoi payer ses
peines; et votre superflu.... — Nous n'en avons
jamais, dit le vieillard. — Comment! ces richesses
immenses! — Ces richesses ont leur emploi. Si tu
as vu nos sacrifices, ils consistent dans une offrande pure, dont la plus légère partie est consu-
mée sur l'autel : le reste en est distribué au peuple.

Tel est l'emploi que le soleil veut que l'on fasse de ses biens. C'est lui rendre le culte le plus digne de lui : c'est sur-tout à ce caractère que l'on reconnaît ses enfants. Nos besoins satisfaits, le reste de nos biens n'est plus à nous : c'est l'apanage de l'orphelin et de l'infirme. Le prince en est dépositaire ; c'est à lui de le dispenser : car personne ne doit mieux connaître les besoins du peuple, que le père du peuple. »

« Mais, en vous dépouillant ainsi, ne retranchez-vous point de la vénération qu'aurait pour vous la multitude, si elle vous voyait vous-même répandre avec magnificence ces richesses, qui vous échappent obscurément et sans éclat ? »

Le sage vieillard, à ces mots, sourit modestement, et ses mains reprirent la bêche.

« Pardonnez, lui dit Alonzo, à l'imprudence de mon âge : je vois que je vous fais pitié ; mais je ne cherche qu'à m'instruire. »

« Mon ami, lui dit le vieillard, je ne sais si le faste et la magnificence inspireraient autant de vénération que la simplicité d'une vie innocente ; mais ce serait une raison de plus de nous dépouiller de nos biens : car, en nous flattant d'être aimés et honorés pour nos richesses, nous nous dispenserions peut-être de nous décorer de vertus. »

Alonzo quitta le vieillard, attendri de sa piété, et pénétré de sa sagesse.

Il témoigna le desir de voir les sources de cet or, dont l'abondance l'étonnait ; et l'Inca voulut bien lui-même l'accompagner sur l'Abitanis, le plus riche des mines que l'on connût encore. Un peuple nombreux, répandu sur la croupe de la montagne, y travaillait à tirer l'or des veines du rocher, mais avec indolence. Alonzo s'aperçut qu'à peine on daignait effleurer la terre, et qu'on abandonnait les veines les plus riches, dès qu'il fallait s'ensevelir pour les suivre dans leurs rameaux. « Ah ! dit-il, que les Castillans pousseront ces travaux avec bien plus d'ardeur ! Peuple timide et faible, ils te feront pénétrer dans les entrailles de la terre, en déchirer les flancs, en sonder les abymes, t'y creuser un vaste tombeau. Encore n'assouviras-tu point leur impitoyable avarice. Tes maîtres opulents, paresseux et superbes, deviendront tributaires des talents et des arts de leurs laborieux voisins ; ils verseront dans l'Europe les trésors de l'Amérique ; et ce sera comme le bitume jeté dans la fournaise ardente : la cupidité, irritée par la richesse et par le luxe, s'étonnera de voir ses besoins renaissants ramener toujours l'indigence : l'or, en s'accumulant, s'avilira bientôt lui-même ; le prix du travail, en croissant, suivra le progrès des richesses ; leur stérile abondance, dans des mains plus avides, fera moins que leur rareté ; et toi, malheureux peuple, et ta postérité, vous aurez péri dans ces mines, épuisées par vos travaux, sans avoir enrichi l'Europe. Hélas ! peut-être même en aurez-vous accru la misère avec les besoins, et les malheurs avec les crimes. »

CHAPITRE XXXII.

A l o n z o, de retour à la ville du soleil, y reçut la réponse d'Ataliba ; elle était conçue en ces mots : « Si le roi de Cusco a oublié la volonté de son père, celui de Quito s'en souvient. Il desire d'être l'ami et l'allié de son frère, mais il ne sera jamais au nombre de ses vassaux. »

Le jeune ambassadeur, qui voyait le moment où la guerre allait s'allumer, voulut préparer Huascar au refus de l'Inca son frère ; et l'ayant attiré au temple où étaient les tombeaux des rois : « Explique-moi, lui dit-il, Inca, par quel privilége ton père est le seul, entre tous ces rois, qui regarde en face l'image du soleil ? — C'est comme son enfant chéri, lui répondit l'Inca, qu'il a seul cette gloire. — *Son enfant chéri !* N'est-ce pas la complaisance et le mensonge qui l'ont décoré de ce titre ? — Tout son peuple le lui a donné, et tout un peuple n'est point flatteur. —Crois-moi, fais cesser, dit Alonzo, cette injuste distinction : tu sais bien qu'il n'en est pas digne. — Étranger, dit l'Inca, respecte et ma présence et sa mémoire. — Comment veux-tu, reprit Alonzo, que je respecte un roi que son fils va demain déclarer insensé, parjure, et sacrilége ? N'a-t-il pas couronné ton frère ? n'a-t-il pas violé les lois ? Celui dont les derniers soupirs ont allumé les feux de la guerre civile entre les enfants du soleil, a-t-il mérité d'avoir place dans le temple du soleil et de le regarder en face ? Ou tu es injuste, ou il le fut : la guerre est ton crime ou le sien. Choisis : car le roi de Quito est résolu de s'en tenir à la volonté de son père. »

Un coursier fougueux et superbe n'est pas plus étonné du frein qu'un maître habile et courageux lui a mis pour la première fois, que ne le fut le fier Inca de l'intérêt puissant qu'opposait Alonzo à sa colère impétueuse. « Tu as donc reçu, dit-il au jeune Castillan, la réponse de ce rebelle ? — Oui, dit Alonzo, et, grace au ciel, il est digne, par sa constance, d'être ton ami et le mien. Je le désavouerais, si, légitime roi, il se fût rendu tributaire. »

Huascar, plein de colère, rentra dans son palais. Le ressentiment, la vengeance, furent les premiers mouvements qui s'élevèrent dans son cœur. Mais en y cédant, il fallait déshonorer son père, outrager sa mémoire; c'était, dans les mœurs des Incas, le comble de l'impiété. La nature se soulevait à cette effroyable pensée; et l'ame d'Huascar, tour-à-tour emportée par deux sentiments opposés, ne savait, dans le trouble où elle était plongée, auquel des deux s'abandonner.

Ce fut dans ce combat pénible que son épouse favorite, la belle et modeste Idali, le trouva livré à lui-même, et si violemment agité, qu'elle n'approcha qu'en tremblant. Idali menait par la main le jeune Xaïra, son fils, destiné à l'empire; et ses yeux, tendrement baissés sur cet enfant, versaient des pleurs. Le roi, levant sur elle un regard triste et sombre, la voit pleurer, lui tend la main, et lui demande le sujet de ses larmes. « Hélas! je suis tremblante, lui dit-elle. J'étais avec mon fils ; je caressais l'image d'un époux adoré. Ocello, votre auguste mère, arrive pâle et désolée, le trouble et l'effroi dans les yeux. Tendre et malheureuse Idali ! m'a-t-elle dit, tu te complais dans cet enfant, ton unique espérance ; tu t'applaudis de sa destinée ; mais, hélas ! qu'elle est incertaine, et que le droit qui l'appelle à l'empire est mal assuré désormais ! Voilà qu'une paix odieuse met la volonté des Incas à la place de nos lois saintes ; et, l'exemple une fois donné, tout leur sera permis. Le caprice d'un homme, l'adresse d'une femme, le charme de la nouveauté, la séduction d'un moment suffit pour renverser toutes nos espérances. Le sceptre des Incas passera dans les mains de celle qui aura surpris un dernier mouvement d'amour ou de faiblesse. Le fils de l'étrangère couronné dans Quito, et reconnu roi légitime, rien ne peut plus être sacré. Ah ! cher enfant, a-t-elle dit encore en pressant mon fils dans ses bras, puisse ton père, après avoir autorisé le parjure de ton aïeul, ne pas s'en prévaloir lui-même ! Ainsi a parlé votre mère ; et elle demande à vous voir. »

A l'instant Ocello parut ; et aux reproches de l'Inca, qui s'offensait de ses alarmes, elle ne répondit qu'en l'accablant lui-même des reproches les plus amers.

Rivale de Zulma, rivale abandonnée, elle gardait au fils la haine qu'elle avait eue pour la mère. Le nom d'Ataliba lui était odieux. L'amour jaloux a beau s'affaiblir avec l'âge ; même en mourant, il laisse son venin dans la plaie : on cesse d'aimer l'infidèle ; on ne cesse point de haïr l'objet de l'infidélité. C'est avec cette haine pour le sang de Zulma, que la plus fière des Pallas (1) s'efforça d'animer son fils à la vengeance.

« Hé bien, venez-vous, lui dit-elle, de céder à l'orgueil rebelle de l'usurpateur de vos droits ? Venez-vous d'annoncer au monde que les lois du soleil doivent toutes fléchir devant les volontés d'un homme ? que l'ivresse, l'égarement, le caprice d'un roi fait le sort d'un État ? qu'un père injuste peut exclure son fils de l'héritage auquel

____

(1) C'est le nom qu'on donnait aux femmes du sang royal.

la nature l'appelle, et en disposer à son gré ? »

« Je suis loin d'applaudir, lui répondit l'Inca, à ces dangereuses maximes ; et si je dissimule l'iniquité d'un père, croyez que je m'y vois forcé. » Alors il lui dit les raisons qui s'opposaient à son ressentiment.

« Ces raisons spécieuses, lui répliqua sa mère, m'en cachent deux, que je pénètre, et que vous n'osez avouer. L'une est l'espoir, qu'à votre tour il vous sera permis de mettre la passion à la place des lois ; et déjà de fières rivales partagent entre leurs enfants les débris de votre héritage et de l'empire du soleil. L'autre raison qui vous retient, c'est l'indolence et la mollesse, la peine de prendre les armes, et la frayeur d'être vaincu : ainsi du moins va le penser tout un peuple, témoin de cette paix infame ; et de vaines raisons ne l'éblouiront pas. Le règne de tous vos aïeux a été marqué par la gloire ; le vôtre le sera par une honte ineffaçable. Cet empire qu'ils ont fondé, qu'ils ont étendu, affermi par leur courage et leur constance, vous, par votre faiblesse, vous l'aurez dégradé, vous en aurez hâté la décadence et la ruine; le sang aura perdu ses droits; et le premier exemple de ce lâche abandon, c'est mon fils qui l'aura donné! Est-ce là honorer la mémoire d'un père? et pour lui, et pour vos aïeux, et pour ce dieu lui-même, dont vous êtes issu, le plus coupable des outrages, n'est-ce pas d'avilir leur sang? Si votre père eut des vertus, imitez-les : s'il eut un moment de faiblesse, avouez, en la réparant, ce que vous ne pouvez cacher, qu'il fut homme, fragile, et une fois séduit par les caresses d'une femme; et, après cet aveu, faites céder aux lois, qui sont toujours sages et justes, la passion, qui est aveugle, et le caprice passager, que le regret désavoue et condamne. »

L'Inca voulut insister sur les maux qu'entraînait la guerre civile. « Non, non, dit-elle; allez souscrire à cette paix déshonorante que l'usurpateur vous impose; et s'il le faut, pour le fléchir, mettez votre sceptre à ses pieds. O malheureux enfant! s'écria-t-elle enfin en embrassant le jeune prince, que je te plains! et qui m'eût dit qu'un jour tu aurais à rougir de ton père! » A ces mots, elle s'éloigna.

L'Inca, mortellement blessé de ces reproches, sortit, et fit dire à l'instant à l'ambassadeur de Quito, que la guerre était déclarée, et qu'il se hâtât de partir. Alonzo lui fit demander qu'il voulût bien le voir encore ; mais ses instances furent vaines, et le soir même il fut remmené au-delà de l'Abancaï.

CHAPITRE XXXIII.

ATALIBA fut consterné, quand il apprit le mauvais succès de l'entreprise d'Alonzo. Il s'enferme seul avec lui ; et après l'avoir entendu : « Roi superbe, s'écria-t-il, rien ne peut donc te fléchir ; tu veux ou ma honte ou ma perte ! Le ciel est plus juste que toi, et il punira ton orgueil. » A ces mots, se précipitant dans les bras du jeune Espagnol : « O mon ami ! dit-il, que de sang tu vas voir répandre ! Nos peuples égorgés l'un par l'autre !…. Il l'aura voulu, il sera satisfait ; mais la peine suivra le crime. »

« Dispose de moi, lui dit Alonzo. Avec la même ardeur que j'implorais la paix, laisse-moi repousser la guerre ; et quel que soit le sort des armes, permets à ton ami de vaincre, ou de mourir à tes côtés. »

« Non, dit le prince en l'embrassant, je ne

veux point t'associer aux forfaits d'une guerre impie. Garde-moi ta valeur pour des périls dignes de toi. Tu n'es pas fait, sensible et vertueux jeune homme, pour commander des parricides. C'est bien assez que j'y sois condamné. Toi seul, et quelques vrais amis à qui j'ai confié mes peines, vous lisez au fond de mon cœur. Le reste du monde, en voyant la discorde armer les deux frères, confondra l'innocent avec le criminel. Laisse-moi ma honte à moi seul ; et ménage tes jours, pour ne partager que ma gloire. »

Orozimbo et ses Mexicains, Capana et ses sauvages voulaient aussi s'armer pour sa défense. Mais il les refusa de même ; et il ne leur permit, comme au jeune Espagnol, que de l'accompagner jusqu'aux champs d'Alausi sur les confins des deux royaumes.

Cependant, à l'un des sommets du mont Ilinissa, l'Inca de Quito fit arborer l'étendard de la guerre ; et ses peuples, à ce signal, se mirent tous en mouvement.

C'est dans les fertiles plaines de Riobamba qu'ils s'assemblent ; et les premiers qui se présentent,

sont les peuples de ces campagnes, qu'enferment,
du nord au midi, deux longues chaînes de montagnes : vallons délicieux, et plus voisins du ciel
que la cime des Pyrénées (1).

Du pied du Sangaï, dont le sommet brûlant
fume sans cesse au-dessus des nuages ; du mugis-
sant Cotopaxi (2) ; du terrible Latacunga (3) ; du
Chimboraço, près duquel l'Émus, le Caucase,
l'Atlas, ne seraient que d'humbles collines (4) ; du

-----

(1) Le sol du vallon de Quito est élevé au-dessus du niveau de la mer de quatorze cent soixante toises, c'est-à-dire
plus que le Canigou et le Pic du midi, les plus hautes montagnes des Pyrénées. (M. de la Condamine.)

(2) Ses éruptions ont été terribles en 1738, 1743, 1744,
1750, et 1753. En 1753, la flamme s'élevait à cinq cents
toises au-dessus du sommet de la montagne. En 1743, le
bruit de l'éruption se fit entendre à cent vingt lieues. Le volcan a lancé à trois lieues dans la plaine des éclats de rocher
de douze à quinze toises cubes. (Mém. Auteur.)

(3) En 1738, le tremblement de cette montagne ren-
versa le bourg de son nom et celui de Hambato. Les habitants furent presque tous ensevelis sous les ruines.

(4) La hauteur du Chimboraço est de trois mille deux
cent vingt toises au-dessus du niveau de la mer.

5.

Cayambur, qui, noirci de bitume, le dispute au Chimboraço, tous ces peuples courent aux armes pour la défense de leur roi.

Des régions du nord s'avancent ceux d'Ibara et de Carangué, peuple indigent, fourbe et féroce, avant qu'il eût été dompté, mais depuis heureux et fidèle. Il avait jadis égorgé sur l'autel de ses dieux, et dévoré dans ses festins les Incas qu'on lui avait laissés pour l'apprivoiser et l'instruire. Ce crime fut suivi d'un châtiment épouvantable; et le lac où furent jetés les corps mutilés des perfides (1), s'est appelé le lac de sang (2).

A ce peuple se joint celui d'Otovalo, pays fertile (3), et sillonné de mille ruisseaux, qui, sous un ciel brûlant, répandent dans les plaines une salutaire fraîcheur.

Des rivages du couchant, depuis Acatamès jusques aux champs de Sullava, tous les peuples de

---

(1) Au nombre de deux mille selon Garcilasso, et de vingt mille selon Pedro de Cieça.

(2) *Yahuar-Cocha.*

(3) La terre y produit cent cinquante pour un.

ces vallées qu'arrosent l'Émeraude, la Saya, le Dolé, et les rameaux du fleuve dont la rapidité refoule les flots du golfe de Tumbès, viennent, le carquois sur l'épaule et la lance à la main, se rendre où l'Inca les appelle; et dès qu'il les voit assemblés (1), il leur parle en ces mots:

« Peuples que mon père a soumis par ses bienfaits autant que par ses armes, vous souvient-il de l'avoir vu, avec ses cheveux blancs et son air vénérable, s'asseoir au milieu de vous, et vous dire: Soyez heureux; c'est tout le prix de ma victoire? Il est mort ce bon roi; il a laissé deux fils, et il leur a dit en mourant: Régnez en paix, l'un au midi, et l'autre au nord de mon empire. Mon frère, alors content de ce partage, a dit à ce père expirant: Ta volonté sera pour nous une loi sainte. Il l'a dit, et il se dément, et il prétend me dépouiller de l'héritage de mon père. Peuples, je vous prends pour mes juges. Abandonnez-moi, si j'ai tort; si j'ai raison, défendez-moi. — Tu as raison, s'écrièrent-ils d'une commune voix; et

____

(1) Ils étaient au nombre de trente mille.

nous embrassons ta défense. — Voilà mon fils, reprit l'Inca, celui qui me doit succéder, et me surpasser en sagesse; car il a, comme moi, l'exemple des rois nos aïeux, et de plus il aura le mien. — Qu'il vive, répondent ces peuples; et, quand tu ne seras plus, qu'il nous rappelle son père. — Venez donc, poursuivit l'Inca, défendre mes droits et les siens. Mon frère, plus puissant que moi, me dédaigne, et fait à loisir les apprêts d'une guerre dont sans doute il se flatte que le signal me fait trembler; je veux le prévenir, avant qu'il ait pu rassembler ses forces. Demain nous marchons à Cusco. »

Dès le jour suivant, il s'avance, par les champs d'Alausi, vers les murs de Caunare, ville célèbre encore par sa magnificence et par ses trésors enfouis. Les Incas, en la décorant de murs, de palais, et de temples, en avaient fait une forteresse, pour dominer sur les Chancas.

Cette nation de Chancas, nombreuse, aguerrie, et puissante, embrasse une foule de peuples. Les uns, comme ceux de Curampa, de Quinvala et de Tacmar, fiers de se croire issus du lion, qu'adoraient leurs pères, se présentent, encore vêtus de la dépouille de leur dieu, le front couvert de sa crinière, et portant dans les yeux son orgueil menaçant. D'autres, comme ceux de Sulla, de Vilca, d'Hanco, d'Urimarca, se vantent d'être nés, ceux-là d'une montagne, ceux-ci d'une caverne, ou d'un lac, ou d'un fleuve, à qui leurs pères immolaient les premiers-nés de leurs enfants. Ce culte horrible est aboli; mais on n'a pu les détromper de leur fabuleuse origine, et cette erreur soutient leur courage guerrier.

A l'approche d'Ataliba, ces peuples, surpris sans-défense, lui firent demander pourquoi, les armes à la main, il pénétrait dans leur pays ? « Je vais, leur répondit l'Inca, supplier le roi de Cusco de m'accorder son alliance, et lui jurer, s'il y consent, sur le tombeau de notre père, une inviolable amitié. »

Rien ne ressemblait moins à un roi suppliant, que ce prince à la tête d'une puissante armée; mais on fit semblant de le croire; et, trompé par les apparences, il allait passer plus avant, lorsqu'il vit entrer dans sa tente l'un des caciques du pays. Ce cacique, qu'avait blessé l'orgueil de l'Inca de Cusco, salue Ataliba, et lui tient ce langage : « Tu crois passer en sûreté chez un peuple à qui tu défends qu'on fasse injure et violence ; apprends que dans un conseil, où je viens d'assister, on a conspiré contre toi. Je t'aime, parce qu'on m'assure que tu es affable et bon ; et je hais ton rival, parce qu'il est dur et superbe. Il m'a humilié. Je suis fils du lion ; je ne veux pas qu'on m'humilie. »

Ataliba rendit grace au cacique, et consulta ses lieutenants sur l'avis qu'il avait reçu. Ses lieutenants étaient Palmore et Corambé, tous deux nourris dans les combats, sous les drapeaux du roi son père, et révérés des troupes, qu'ils avaient aguerries dans la conquête de Quito. « Prince, lui dit l'un d'eux, voyez ces plaines où s'élèvent des monceaux d'ossements ensevelis sous l'herbe ; ce sont les restes honorables de vingt mille Chancas, morts dans une bataille (1) en défendant leur

---

(1) Sous le règne de l'Inca Roca : il resta sur la place trente mille hommes, huit mille du côté des Incas. La

liberté. Leurs enfants ne sont point des hommes sans courage. Vainqueurs, nous leur imposerons, je le crois; mais le sort des combats est trompeur: et celui-là est insensé qui n'en prévoit pas l'inconstance. J'ose espérer de vaincre, sans me dissimuler que nous pouvons être vaincus; et alors je les vois, ces peuples, enhardis par votre défaite, tomber sur une armée éparse et fugitive, et achever de l'accabler. Ne négligez donc pas l'avis de ce cacique. La forteresse de Cannare est un point d'appui, de défense, et de ralliement au besoin. Ce poste, auquel le salut de l'armée est attaché, ne peut être remis en des mains trop fidèles; et, si j'ose le dire, Inca, c'est à vous-même à le garder.

L'Inca ne vit, dans ce conseil prudent, que l'intention de le laisser en un lieu sûr; et il le prit pour une offense. « Si ma présence vous fait ombrage, dit-il à Corambé, vous me connaissez mal. Votre âge, vos exploits, l'estime de mon père,

---

plaine Sascahuana, où se donna cette bataille, fut appelée *Yahuar-Pampa, Campagne de sang.* Voyez le chapitre 30.

vous ont acquis ma confiance ; et je n'ai jamais su la donner à demi. Vous commanderez ; je serai votre premier soldat : on apprendra de moi à vous obéir avec zèle ; et si la victoire est à nous, n'ayez pas peur que votre roi vous en dérobe le mérite. Quant au soin de mes jours, ce n'est pas le moment de nous en occuper. Ce sont mes droits qu'on va défendre ; il serait honteux que, sans moi, l'on combattît pour moi. Ne me parlez donc plus de me tenir loin des combats. »

« Non, prince, lui dit Corambé, je vous servirais mal, si je vous croyais lâche ; mais moi, vous me croyez jaloux et envieux de votre gloire. Vous vous reprocherez d'avoir fait cette injure au zèle d'un ami, que votre père a mieux connu. »

« Ah ! généreux vieillard, pardonne, lui dit l'Inca en l'embrassant. J'ai été un moment injuste. Mais pourquoi vouloir me laisser oisif à l'ombre de ces murs ? »

« J'y resterai, lui dit Corambé. Laissez-moi trois mille hommes, et ces vaillants caciques, et cet étranger, qui, comme eux, ne demande qu'à vous servir. » L'Inca n'hésita point. Alonzo, Capana, le vaillant Orozimbo, les sauvages, les Mexicains applaudirent tous avec joie, résolus de verser leur sang pour la défense de l'Inca. Ayant donc laissé avec eux trois mille hommes d'élite dans les murs de Canuare, il fit avancer son armée vers les champs de Tumibamba.

CHAPITRE XXXIV.

Cependant le roi de Cusco se hâtait d'assembler ses troupes; et tous les peuples d'alentour quittaient leurs champs, volaient aux armes, et se rendaient auprès de lui.

Des bords de ce lac célèbre (1) où Manco descendit, les peuples d'Assilo, d'Avancani, d'Uma, d'Urco, de Cayavir, de Mullama, d'Assan, de Cancola et d'Illavi, compris sous le nom de Collas, quittent leurs riants pâturages, où ils adoraient autrefois un bélier blanc, comme le dieu de leurs troupeaux et la source de leurs richesses. Ils se disent nés de ce lac que leurs cabanes environnent; et c'est le Léthé, où leurs ames se replongent après la vie, pour revoir un jour la lumière, et passer dans de nouveaux corps.

____

(1) Le lac de Collao

De son côté s'avance la fière et courageuse nation des Charcas. C'est la raison qui l'a soumise, et non pas la force des armes. Lorsque les Incas lui annoncèrent qu'ils venaient lui donner des lois, ses jeunes guerriers, pleins d'ardeur, demandèrent tous à combattre, et à mourir, s'il le fallait, pour la défense de leur liberté. Les vieillards leur firent l'éloge de la sagesse des Incas et de leur bonté généreuse : les armes leur tombèrent des mains ; et ils allèrent tous en foule se prosterner aux pieds de ce fils du soleil qui voulait bien régner sur eux.

Plus sage encore avait été le vaillant peuple de Chayanta. Sa réduction volontaire sous la puissance des Incas est le modèle des bons conseils. Le prince qui l'allait soumettre, lui fit dire qu'il lui apportait des lois, des mœurs, une police, un culte, une façon de vivre enfin plus raisonnable et plus heureuse. « S'il est vrai, répondirent les Chayantas aux députés, votre roi n'a pas besoin d'une armée pour nous réduire. Qu'il la laisse sur nos frontières ; qu'il vienne, et qu'il nous persuade : nous lui serons soumis ; c'est au plus sage à commander. Mais qu'il promette aussi de nous laisser en paix, si, après l'avoir entendu, nous ne voyons pas comme lui, à changer de culte et de mœurs, l'avantage qu'il nous annonce. » A des conditions si justes, l'Inca vint presque sans escorte ; il parla, il fut écouté ; et quand ce peuple eut bien compris qu'il était utile pour lui de se ranger sous les lois des Incas, il se soumit et rendit graces. Tels étaient ces sauvages, que les Européens n'ont cru pouvoir apprivoiser que par le meurtre et l'esclavage.

En plus petit nombre s'avancent les peuples qui, vers l'orient, cultivent le pied des montagnes inaccessibles des Antis. Leurs aïeux adoraient d'énormes couleuvres (1), dont ce pays sauvage abonde. Ils adoraient aussi le tigre, à cause de sa cruauté. Ils en ont abjuré le culte, mais ils font toujours gloire d'en porter la dépouille, et leur cœur n'en a point encore oublié la férocité. Chez les Antis, dont ils descendent, la mère, avant de présenter la mamelle à son nourrisson, la trempe

---

(1) Elles ont jusqu'à vingt-cinq et trente pieds de longueur.

dans le sang humain, afin qu'ayant sucé le sang avec le lait, les enfants en soient plus avides.

Du côté du nord, se replient vers les bords de l'Apurimac, les peuples de Tumibamba, de Cassamarca, de Zamore, et cette nation farouche dont les murs ont gardé le nom du Contour (1), le dieu de ses pères. Un panache des plumes de cet oiseau terrible (2) distingue les enfants de ses adorateurs, et flotte sur leur tête altière.

Après eux vient l'élite des peuples de Sura, pays fertile, où germe l'or; de Rucana, où la beauté semble être un des dons du climat, tant la nature en est prodigue; et des champs de Pumalncta (3), autrefois repaire sauvage des lions que l'homme adorait.

---

(1) Cuntur-Marca.

(2) Il est noir et blanc comme la pie. La nature lui a refusé des serres; mais il a le bec si dur et si fort, que d'un seul coup il perce le cuir d'un taureau. Ses ailes déployées ont plus de vingt pieds d'étendue. Deux de ces oiseaux suffisent pour tuer un taureau et pour le dévorer.

(3) Dépôt du lion.

Des plaines du couchant se rassemblent en foule les vaillants peuples d'Imata, de Collapampa, de Quéva, par qui l'empire fut sauvé de la révolte des Chaucas (1), et qui portent encore les marques de leur gloire. Ces marques sont pour eux les mêmes que pour les enfants du soleil (2).

Enfin venaient les habitants des riches vallées d'Yca, de Pisco, d'Acari, de Nasca, de Rimac, docilement soumis; et ceux d'Huaman, plus rebelles, mais enfin réduits à leur tour. Lorsqu'on leur avait proposé de recevoir le culte et les lois des Incas, ils avaient répondu qu'ils adoraient la mer, divinité féconde et libérale; qu'ils ne défendaient point aux peuples des montagnes d'adorer le soleil, qui leur faisait du bien, et dont la chaleur tempérait l'âpreté de leurs froids climats; mais que pour eux qu'il consumait, et dont il brûlait les campagnes, ils n'en feraient jamais leur dieu; qu'ils étaient contents de leur roi comme

---

(1) Sous l'Inca Roca. *Voyez les chapitres* 30 et 34.

(2) Les cheveux coupés, les oreilles percées, et la frange *llautu* sur le front.

de leur divinité, et qu'au prix de leur sang ils étaient résolus à les défendre l'un et l'autre. La guerre fut longue et terrible ; mais l'ennemi, pour les réduire, ayant fait couper les canaux qui arrosaient leurs sillons arides, la nécessité fit la loi ; et la douce équité du règne des Incas justifia leur violence.

Ces nations à peine étaient rendues sous les murailles de Cusco, lorsqu'on apprit que le roi de Quito s'avançait vers Tumibamba. Huascar voulait aller l'attendre au passage du fleuve qui baigne ces campagnes. Mais la fortune le servit mieux que la prudence et le conseil.

Ataliba avait passé le fleuve ; et sur la colline opposée il voulait établir son camp. Le jour penchait vers son déclin. L'armée de Quito avait fait une longue marche ; et le soldat, excédé de fatigue, n'eût demandé que le repos. Mais ranimé par la voix de l'Inca, il montait la colline avec sécurité. Tout-à-coup, sur la cime, se présente en colonne l'armée du roi de Cusco. A la vue de l'ennemi, elle se déploie ; à l'instant le signal du combat se donne. L'avantage du lieu, du nombre, sur des troupes déja vaincues par l'épuisement de leurs forces, rendit leur courage inutile. Ceux de Quito, vingt fois ralliés et rompus, ne durent leur salut qu'aux ombres de la nuit, qui favorisa leur retraite. Il fallut repasser le fleuve ; et le roi, qui voulut en personne protéger ce passage, s'étant laissé envelopper, fut pris et enlevé par l'ennemi.

Huascar dédaigna de le voir. « Il aura le sort d'un rebelle, dit-il ; qu'on le garde avec soin dans le fort de Tumibamba. »

Ce désastre porta la désolation dans l'armée du roi captif. Tout le camp était en tumulte. Le fils d'Ataliba y courait éperdu, et criait à ces peuples en leur tendant les bras : « Mes amis ! rendez-moi mon père. » Sa douleur, son égarement, redoublaient encore la tristesse dont les esprits étaient frappés.

Palmore affligé, mais tranquille, va au-devant de Zoraï, et, le ramenant dans sa tente, lui dit : « Prince, modérez-vous ; rien n'est désespéré. Vos peuples sont fidèles. Votre père est vivant. Il vous sera rendu. — Vous me flattez, dit le jeune homme tremblant de frayeur et de joie. — Je ne vous flatte point ; il vous sera rendu, dit le vieillard. Allez, et donnez à vos peuples l'exemple de la fermeté. »

La nuit vint ; un silence morne, répandu dans toute l'armée, marquait la consternation. Palmore seul, enfermé dans sa tente, veillant et méditant, se disait à lui-même : « Que ferai-je ? Si par la force je tente de délivrer mon roi, je connais bien son ennemi, il le fera périr plutôt que de le rendre ; et si je laisse voir de l'irrésolution, de la faiblesse et de la crainte, le découragement s'empare de l'armée : elle va tout abandonner. »

Comme il était plongé dans ces tristes pensées, un vieux soldat se présente à lui. « Me reconnais-tu ? lui dit-il. J'ai combattu sous tes enseignes dans la conquête de Quito. Tu vois encore mes cicatrices. Quand le cacique de Tacmar fut vaincu, pris, et enfermé dans le fort de Tumibamba, je fus l'un de ses gardes. On vint pour l'enlever ; et par une longue caverne, on allait percer sa prison. L'entreprise fut découverte ; et Tacmar, réduit à se rendre, obtint que son cacique fût mis en liberté. La paix fit oublier la guerre ; et l'on négligea de combler le chemin creusé sous le fort : seulement d'épais mangliers en dérobent l'entrée ; mais elle m'est connue ; et si la prison de l'Inca est, comme je le crois, la prison du cacique, je ne veux que dix hommes d'un courage éprouvé, pour le délivrer cette nuit. »

Palmore applaudit à son zèle, lui dit de se choisir lui-même des compagnons dignes de lui, et dans le plus profond silence il les voit s'éloigner du camp ; mais il passe la nuit dans les plus cruelles alarmes. Il craint, il espère, il médite l'incertitude, l'apparence, le danger de l'événement. Il y va de la liberté et de la vie de son roi. Il l'aura sauvé ou perdu. Ce moment fatal en décide.

Cependant le roi de Quito gémit sous le poids de ses chaînes, plus tourmenté par la pensée de ses peuples et de son fils, que par le sentiment de son propre malheur.

Tout-à-coup, au milieu de ces réflexions où son ame était abymée, il entend un bruit souterrain. Il écoute ; ce bruit approche. Il sent frémir la

terre sous ses pas. Il recule, il la voit s'écrouler.
A l'instant s'élève, comme d'un tombeau, un
homme qui, sans lui parler, lui fait le geste du
silence, et l'ayant saisi par la main, l'entraîne
dans l'abyme qui vient de s'ouvrir devant lui.
Ataliba, sans résistance, se livre à son guide; il
le suit, et, à l'issue de la caverne, il se voit entouré de soldats qui lui disent : « Venez, prince;
vous êtes libre. Venez; vos peuples vous attendent.
Rendez-leur la vie et l'espoir. — Je suis libre! et
par vous! O mes libérateurs, leur dit-il en les
embrassant, que ne vous dois-je pas! Serai-je
assez puissant pour vous récompenser jamais?
Achevez. Il s'agit de frapper les esprits par l'apparence d'un prodige. Cachez-leur que c'est vous
qui m'avez délivré. » Ils lui promettent le silence;
et, à la faveur de la nuit, Ataliba passe le fleuve,
arrive dans son camp, et pénètre sans bruit jusqu'à la tente de Palmore.

Le vieillard, qu'avait épuisé le tourment de l'inquiétude, en revoyant son maître, se jette à ses
genoux. L'Inca le relève et l'embrasse. « Soldats,
que l'un de vous, sans bruit, coure annoncer au

prince le retour de son père, » dit Palmore ; et l'instant d'après arrive, dans l'égarement de la surprise et de la joie, ce fils si tendre et si chéri. Les transports mutuels du jeune Inca et de son père furent interrompus, au réveil de l'armée, par les cris d'une multitude empressée à revoir son roi. Il parut ; les cris redoublèrent : « Le voilà, c'est lui, c'est lui-même. Il est libre. Il nous est rendu. »

« Oui, peuple, dit Ataliba, le Soleil mon père a trompé la vigilance de mes ennemis. Il m'a fait échapper des murs qui m'enfermaient. Ma délivrance est son ouvrage. »

A ce récit, la multitude ajoute (car elle aime à exagérer l'objet de son étonnement), elle ajoute qu'Ataliba, pour s'échapper de sa prison, a été changé en serpent (1). Ce bruit vole de bouche en bouche. On le croit, et on le publie comme un signe éclatant de la faveur du ciel.

« Palmore, dit le roi, voilà bien le moment de

____

(1) Ce trait-là est d'après l'histoire.

surprendre mes ennemis, et de réparer ma disgrace. »

« Non, prince, non, lui dit Palmore, vous ne
vous exposerez plus. C'est assez des frayeurs que
cette nuit nous a causées. Allez vous joindre à
ceux qui défendent Cannare, et me renvoyez
Corambé. » Le roi céda à ces instances ; et il fit
appeler son fils.

« Prince, lui dit-il, je vous laisse sous la conduite de mes amis, et sous la garde de mes peuples. Souvenez-vous de vos aïeux. Ils portèrent
dans les combats une sage intrépidité. Imitez leur
prudence, ou plutôt consultez celle des chefs qui
vous commandent. Une sage docilité pour les conseils de ceux que les ans ont instruits, est la prudence de votre âge. Mes amis, dit-il à Palmore et
aux guerriers qui l'entouraient, je vous le confie,
et sur lui je vous donne les droits d'un père. Adieu,
mon fils ; reviens digne de toute ma tendresse. »
A ces mots, pressant dans ses bras ce jeune
homme, dont la beauté, noble avec modestie, et
fière avec douceur, était l'image de la vertu dans
l'ingénue adolescence, le roi laissa échapper quel-

ques larmes ; et fixant sur Palmore et sur les caciques un regard qui leur exprimait toute l'émotion de son cœur paternel, il leur remit son fils,
et détourna les yeux.

CHAPITRE XXXV.

TANDIS qu'Ataliba, pour retourner à Cannare, traversait les champs de Loxa, la révolte
des Cannarins venait d'éclater. Tout un peuple
environnait la citadelle, et menaçait de couper
les canaux des fontaines qui l'abreuvaient. L'extrémité était pressante. Pour forcer ce peuple
aguerri à lever le siége, il fallait sortir des murs,
et l'attaquer, au risque d'être enveloppé et d'être
accablé sous le nombre.

Alors parut le plus étonnant des phénomènes
de la nature. L'astre adoré dans ces climats s'obscurcit tout-à-coup au milieu d'un ciel sans nuage.
Une nuit soudaine et profonde investit la terre.
L'ombre ne venait point de l'orient ; elle tomba
du haut des cieux, et enveloppa l'horizon. Un
froid humide a saisi l'atmosphère. Les animaux,
subitement privés de la chaleur qui les anime, de

la lumière qui les conduit, dans une immobilité morne, semblent se demander la cause de cette nuit inopinée. Leur instinct qui compte les heures, leur dit que ce n'est pas encore celle de leur repos. Dans les bois, ils s'appellent d'une voix frémissante, étonnés de ne pas se voir ; dans les vallons, ils se rassemblent et se pressent en frissonnant. Les oiseaux, qui, sur la foi du jour, ont pris leur essor dans les airs, surpris par les ténèbres, ne savent où voler.

La tourterelle se précipite au-devant du vautour, qui s'épouvante à sa rencontre. Tout ce qui respire est saisi d'effroi. Les végétaux eux-mêmes se ressentent de cette crise universelle. On dirait que l'ame du monde va se dissiper ou s'éteindre ; et dans ses rameaux infini, le fleuve immense de la vie semble avoir ralenti son cours.

Et l'homme !.... ah ! c'est pour lui que la réflexion ajoute aux frayeurs de l'instinct le trouble et les perplexités d'une prévoyance impuissante. Aveugle et curieux, il se fait des fantômes de tout ce qu'il ne conçoit pas, et se remplit de noirs présages, aimant mieux craindre qu'ignorer. Heu-

reux, dans ce moment, les peuples à qui des
sages ont révélé les mystères de la nature! Ils ont
vu sans inquiétude l'astre du jour, à son midi,
dérober sa lumière au monde ; sans inquiétude
ils attendent l'instant marqué où notre globe sor-
tira de l'obscurité. Mais comment exprimer la terreur, l'épouvante dont ce phénomène a frappé les
adorateurs du soleil! Dans une pleine sérénité,
au moment où leur dieu, dans toute sa splendeur,
s'élève au plus haut de sa sphère, il s'évanouit! et
la cause de ce prodige, et sa durée, ils l'ignorent
profondément. La ville de Quito, la ville du soleil, Cusco, les camps des deux lncas, tout gémit,
tout est consterné.

A Cannare, une horreur subite avait glacé tous
les esprits. Les assiégés, les assiégants avaient le
front dans la poussière. Alonzo, tranquille au milieu de ces Indiens éperdus, observait, avec un
étonnement mêlé de compassion, ce que peuvent
sur l'homme l'ignorance et la peur. Il voyait pâlir
et trembler les guerriers les plus intrépides. « Amis,
dit-il, écoutez-moi. Le temps presse ; il est important que votre erreur soit dissipée. Ce qui se passe

dans le ciel n'est point un prodige funeste. Rien de plus naturel : vous l'allez concevoir, vous allez cesser de le craindre. » Les Indiens, que ce langage commence à rassurer, prêtent une oreille attentive ; et Alonzo poursuit. « Lorsqu'à l'ombre d'une montagne, vous ne voyez point le soleil ; sans vous en effrayer, vous dites : La montagne me le dérobe ; ce n'est pas lui, c'est moi qui suis dans l'ombre ; il est le même dans le ciel. Eh bien, au lieu d'une montagne, c'est un globe épais et solide, un monde semblable à la terre, qui, dans ce moment, passe au-dessous du soleil. Mais ce monde, qui suit sa route dans l'espace, va s'éloigner ; et le soleil va reparaître plus beau, plus brillant que jamais. N'ayez donc plus de peur d'une ombre passagère, et profitez de l'épouvante dont vos ennemis sont frappés. »

Le caractère de l'erreur, chez les peuples du Nouveau-Monde, est de n'avoir point de racines. Elle tient si peu aux esprits, que le premier souffle de la vérité l'en détache. Ils l'ont prise sans examen, ils l'abandonnent sans résistance. Alonzo, par le seul moyen d'une image claire et sensible, a détrompé tous les esprits, et a ranimé tous les cœurs. On vit en effet le soleil qui, comme un cercle d'or brillant au bord de l'ombre, commençait à se dégager. « Quoi ! ce n'est donc ni défaillance, ni colère dans notre dieu ? » s'écrièrent-ils. A ces mots, Corambé achevant de dissiper leur crainte : « Soldats, dit-il, j'ai déja vu arriver ce qu'il nous annonce. Il est plus éclairé que nous. Hâtez-vous donc, prenez vos armes, sortons, et chassons ces rebelles, que la frayeur a déja vaincus. »

Aux cris des assiégés, qui, dès le crépuscule du jour renaissant, s'élançaient hors des murs de la citadelle, les Cannarins s'abandonnèrent à une terreur insensée. On fit main basse sur leur camp ; un instant le mit en déroute ; et le soleil, éclairant ces campagnes, les vit jonchées de mourants et de morts.

Alonzo, dans cette sortie, n'avait point quitté Capana, et, à la tête des sauvages, ils achevaient de dissiper les bataillons qu'ils avaient rompus, lorsqu'ils virent de loin un autre combat s'engager. « Voilà, je crois, dit Alonzo, une troupe de nos amis, sur qui les Canuarins se vengent. Volons à leur secours. » Ils traversent la plaine avec la rapidité d'un vent orageux ; et un tourbillon de poussière marque la trace de leurs pas. Ils arrivent. C'était le roi, c'était l'Inca lui-même, qu'une vaillante escorte environnait, et défendait contre une foule d'ennemis.

Au bandeau qui lui ceint la tête, à l'éclat de son bouclier, et plus encore à son courage, Alonzo reconnaît le roi de Quito. L'éclair fend le nuage avec moins de vitesse que le glaive du Castillan n'entr'ouvre l'épais bataillon qui presse Ataliba. Celui-ci voit Alonzo, et croit voir la victoire. Il ne se trompait pas. Leurs efforts réunis enfoncent, repoussent, renversent tout ce qui s'oppose à leurs coups.

Dès que les Canuarins, dispersés devant eux, ont pris la fuite, Ataliba, se jetant dans les bras d'Alonzo : « Qu'il m'est doux, lui dit-il, ô mon ami, de te devoir ma délivrance ! Mais je suis blessé. Je te laisse le soin de rallier mes troupes. Fais grace aux vaincus désarmés. » A ces mots, pâle et chancelant, il se fit porter dans le fort.

Sa blessure était douloureuse, mais elle ne fut pas mortelle. La gomme du mulli, ce baume précieux, dont la nature a fait présent à ces climats, comme pour expier le crime d'y avoir fait germer l'or, ce baume, versé dans la plaie, en fut la guérison, et rendit ce malheureux prince à la vie et à la douleur.

Corambé porta dans le camp la nouvelle de la victoire de l'Inca sur les Cannarins. Mais Palmore voulut attendre qu'elle fût répandue dans le camp ennemi, et qu'elle y eût jeté l'alarme. Alors il s'y rendit lui-même; et parlant au roi de Cusco : « L'Inca ton frère, lui dit-il, t'a demandé la paix; et tu lui as déclaré la guerre. Il est venu au-devant de la guerre, et il demande encore la paix. Un moment d'imprudence, qui t'a donné sur nous l'avantage d'une surprise, ne nous a point découragés, et ne doit point t'enorgueillir. Nous souhaitons la paix, uniquement par amour pour la paix, et par la juste horreur que nous fait la guerre civile. Inca, pèse bien ta réponse. Nos lances sont baissées, nos arcs sont détendus, la flèche de la mort repose dans le carquois; songe.

avant qu'elle soit tirée, aux malheurs qu'un mot de ta bouche peut prévenir, ou peut causer. C'est ici sur-tout que la parole est meurtrière, et que la langue d'un roi est un dard à cent mille pointes. Tu réponds au soleil ton père du sang de ses enfants et de celui de tes sujets. L'égalité, l'indépendance, mais la concorde et l'union, voilà ce que le roi ton frère me charge de t'offrir et de te demander. »

Le monarque lui répondit, que les Incas ses aïeux n'avaient jamais reçu la loi. Palmore, en gémissant, lui dit : « Eh bien, tu le veux!... A demain. » Et il retourna dans son camp.

L'aube du jour vit les deux armées se déployer dans la campagne. C'était la première fois, depuis onze règnes, qu'on voyait arborer, dans les deux camps, l'étendard de Manco. C'est le gage de la victoire; et le centre, où il est placé, est le point le plus important de l'attaque et de la défense.

Loin de ce centre périlleux, et sur une éminence, du côté de Cusco, étincelle, aux rayons du jour, le trône d'Huascar, porté par vingt caciques, et ombragé d'un pavillon de plumes de mille couleurs. Huascar, du haut de ce trône, domine sur la campagne, et semble présider au sort du combat qui va se donner.

Les deux armées, d'un pas égal, marchent l'une à l'autre ; et soudain le cri de guerre de ces peuples, ce mot formidable, *Illapa* (1), répété par cent mille voix, fait retentir les bois et les montagnes. A ce cri redoublé se joint le sifflement des flèches qui vont se tremper dans le sang.

Mais bientôt les carquois s'épuisent ; et la flèche, dès ce moment, fait place au javelot, qui, lancé de plus près, porte des coups plus assurés. Bientôt on voit les bataillons flottants s'éclaircir et se resserrer pour remplir et cacher leurs vides. La douleur étouffe ses cris, la mort est farouche et muette ; et, pour ne pas donner à l'ennemi la joie d'entendre de honteuses plaintes, l'Indien renferme en lui-même jusques à ses derniers soupirs.

Au javelot succèdent la hache et la massue : armes terribles chez des peuples à qui le fer et le

____

(1) On a déjà dit que ce mot signifiait *l'éclair, le tonnerre, et la foudre.*

salpêtre, ces présents des furies, sont encore in-
connus. Jusque - là une égale intrépidité avait
rendu le combat douteux : la victoire, incertaine
entre les deux armées, planant sur le champ de
bataille, trempait, des deux côtés, ses ailes dans
le sang. Mais le moment de la mêlée fit voir quel
avantage avaient des peuples aguerris sur des
peuples long - temps paisibles. Ce que l'armée de
Cusco avait de plus vaillant défendait la colline.
Le reste, composé de pasteurs amollis dans une
douce oisiveté, avait l'avantage du nombre, qui
ne peut balancer long-temps celui de la valeur.
De nouveaux bataillons se présentaient en foule à
la place de ceux qui, rompus et défaits, tour-
naient le dos à l'ennemi; mais ils succombaient
à leur tour. Pas à pas ceux de Quito s'avancent,
et menacent d'envelopper le corps qui défend l'é-
tendard. Le roi de Cusco voit de loin fléchir le
centre de son armée; il détache de la colline
l'élite des peuples guerriers qui gardaient sa personne. C'est ce qu'attendait Corambé; et, tandis
que ce corps détaché vole au centre, lui - même,
avec des bataillons qu'il a choisis et réservés, il

marche droit à la colline, enfonce l'enceinte affaiblie du trône de l'Inca, s'ouvre par le carnage
un chemin sanglant jusqu'à lui, le fait prendre
vivant, le fait charger de liens, et l'entraîne.

Aussitôt mille cris funestes avertissent de ce
malheur. Le bruit s'en répand dans l'armée, et y
porte le désespoir. Tout s'épouvante et se disperse.
On ne voit que des peuples désolés, éperdus, jeter
leurs armes et s'enfuir. La douleur, le trouble,
l'effroi leur interdit même la fuite : ils tombent
épars dans la plaine, et, vaincus, ils n'ont plus
d'espoir qu'en la clémence des vainqueurs ; mais
c'est vainement qu'ils l'implorent. Plus de pitié :
l'aveugle rage transporte ceux d'Ataliba. Les deux
vieillards qui les commandent ont beau leur crier
de cesser, d'épargner le sang ; le sang coule et ne
peut les rassasier. Jamais ils ne croiront avoir
assez vengé la perte qui les rend furieux et barbares. Leur prince, le fils de leur roi, Zoraï ne vit
plus. O père infortuné ! que tu vas pleurer ta victoire !

A l'attaque de l'étendard, Zoraï s'avançait à la
tête des siens, qu'il animait par son exemple. A

sa jeunesse, à sa beauté; au feu de son courage, tous les cœurs se sentaient émus. L'ennemi, le voyant s'exposer à ses coups, l'admirait, le plaignait, oubliait de le craindre, et aucun n'osait le frapper. Un seul, et ce fut l'un des féroces Antis, au moment que le jeune prince, au fort de la mêlée, venait de saisir l'étendard, lui lance une flèche homicide. Le caillou dont elle est armée lui perce le sein. Il chancelle : ses Indiens s'empressent de le soutenir, mais, hélas! inutilement. Le feu de ses regards s'éteint; l'éclat de sa beauté s'efface; le frisson de la mort commence à se répandre dans ses veines. Tel, sur le bord d'une forêt, un jeune cèdre, déraciné par un coup de vent furieux, ne fait que se pencher sur les cèdres voisins, qui le soutiennent dans sa chûte. On le croirait encore vivant; mais la langueur de ses rameaux et la pâleur de son feuillage annoncent qu'il est détaché de la terre qui l'a nourri. Tel, appuyé sur ses soldats, parut le jeune Inca, mortellement blessé. « O mon père! dit-il d'une voix défaillante, ô quelle sera ta douleur! Amis, achevez. Que mon sang lui ait au moins acquis la victoire. Vous envelopperez mon corps dans ce drapeau qui m'a coûté la vie, pour dérober aux yeux d'un père une image trop affligeante, et pour le consoler, en l'assurant que je suis mort digne de lui. »

Le cri de la douleur, le cri de la vengeance retentissaient autour du jeune prince. « Non, dit-il, c'est assez de vaincre ; je ne veux point être vengé. Je suis Inca, et je pardonne. » On l'emporte loin du combat, dont la fureur se renouvelle ; et peu d'instants après, soulevant sa paupière vers les montagnes de Quito, il prononce encore une fois le nom, le tendre nom de père, et il rend le dernier soupir. C'est dans ce moment même que des cris lamentables annoncent à ceux de Cusco que leur roi vient d'être enlevé.

D'un côté l'épouvante, de l'autre côté la fureur, ne présentent dès-lors, dans les champs de Tumibamba, que la déroute et le carnage. Cusco fut prise et saccagée ; l'aîné des frères de son roi, le vaillant et sage Mango, qui la défendait, vit enfin qu'il fallait périr, ou céder : il fit sa retraite en combattant, et se sauva vers les montagnes. A peine la fière Ocello, la belle et touchante

Idali, avec cet enfant précieux (1) que sa naissance avait destiné à l'empire, eurent le temps de s'échapper ; et les généraux d'Ataliba, après des efforts inouïs pour faire cesser le ravage, rallièrent enfin leurs troupes sur le bord de l'Apurimac.

---

(1) Xaïra.

CHAPITRE XXXVI.

C'est là que frémissait Huascar, sous une garde inexorable. Palmore et Corambé, en entrant dans sa tente, se prosternent, selon l'usage, et, par des paroles de paix, tâchent de l'adoucir. Il soulève à peine sa tête; et d'un œil indigné regardant ses vainqueurs : « Traîtres, dit-il, rompez mes chaînes, ou trempez vos mains dans mon sang. C'est insulter à mon malheur, que de mêler ainsi le respect à l'outrage. Si je suis roi, rendez-moi libre; alors vous vous prosternerez. Mais, si je ne suis qu'un esclave, que ne me foulez-vous aux pieds ?»

A peine il achevait ces mots, que son oreille fut frappée de cris et de gémissements. « Tu n'es pas le seul malheureux, lui dit Palmore. Ataliba vient de perdre son fils.—Ah ! je le verrai donc pleurer, s'écria Huascar avec une joie inhumaine. Puisse le ciel lui rendre tous les maux qu'il m'a faits. »

Les peuples de Quito, rassemblés dans leur camp, ont demandé à voir le corps du jeune prince, que l'on dérobait à leurs yeux ; et ce sont leurs cris de douleur et de rage qu'on vient d'entendre. On les apaise, on les retient, on les engage à repasser le fleuve ; et la marche de cette armée victorieuse et conquérante ressemble à la pompe funèbre d'un jeune homme, que sa famille, dont il aurait été l'espoir, accompagnerait au tombeau. La consternation, le deuil et le silence environnaient le pavois où le prince était étendu, enveloppé dans cette enseigne, triste et glorieux monument de sa valeur. Après lui, le roi de Cusco, porté sur un siége pareil, jouissait au fond de son cœur, de la calamité publique.

Les deux généraux d'Ataliba accompagnaient le lit funèbre, l'œil morne, le front abattu, oubliant qu'ils venaient de conquérir un empire, et ne pensant qu'à la douleur dont ce malheureux père allait être frappé.

« Hélas ! disait Palmore, il nous l'a confié ; il l'attend ; ses bras paternels seront ouverts pour l'embrasser ; et ce n'est plus qu'un corps glacé que nous allons lui rendre ! Comment paraître devant lui ? »

« Il est homme, dit Corambé : son fils était mortel : je le plains ; mais, au lieu de flatter sa faiblesse, je veux lui donner le courage de résister à son malheur. Laissez-moi devancer l'armée, et le voir, avant que le bruit de cette mort soit répandu. »

Ataliba, guéri de sa blessure, mais faible encore et languissant, avait eu le chagrin d'apprendre que la défaite des Chancas ne l'avait que trop bien vengé. il gémissait sur sa victoire, roulant dans sa pensée, avec inquiétude, les dangers qu'affrontaient pour lui son fils, ses amis, et ses peuples, lorsqu'il s'entendit annoncer l'arrivée de Corambé. Surpris, impatient d'apprendre quel sujet peut le ramener, il ordonne qu'on l'introduise. Corambé paraît devant lui. « Inca, lui dit-il, c'en est fait ; l'empire est à toi sans partage : tes ennemis sont tous détruits ou désarmés : Huascar est le seul qui te reste ; il est captif, on te l'amène. »

A peine il achevait ces mots, Ataliba, transporté de joie, se lève, l'embrasse, et lui dit :

« Invincible guerrier, j'attendais tout de toi et de celui qui te seconde; mais ce prodige a passé mon attente et les vœux que j'osais former. Achève de mettre le comble au bonheur de ton roi. Il est père; il ressent les alarmes d'un père. Où est mon fils? où l'as-tu laissé? Pourquoi n'est-il pas avec toi? — Ton fils..... il a vu des dangers dont le plus courageux s'étonne. — Et sans doute il les a bravés? Réponds. Ce silence est terrible. — Que te dirai-je, hélas! pour la première fois il voyait l'horreur des batailles. La nature a des mouvemens que la vertu ne peut dompter. — Ciel! qu'entends-je? Il a fui! il s'est couvert de honte! il a déshonoré son père! — Eût-il mieux valu qu'exposé à une mort inévitable, il s'y fût livré? — Plût au ciel! — Eh bien, console-toi. Il s'est comblé de gloire, et il est mort digne de toi. — Il est mort! — Ton armée te l'apporte en pleurant : il en fut l'amour et l'exemple. Jamais, dans un âge si tendre, on n'a montré tant de valeur. »

Ce coup terrible pénétra jusqu'au fond de l'ame

d'un père ; mais il la soulagea, même en la déchirant. Il tombe accablé de douleur ; et alors deux
sources de larmes coulent de ses yeux. « Ah !
cruel, par quelle épreuve, disait-il, vous avez
préparé mon cœur à la constance ! Vous avez pu calomnier mon fils ! et moi j'ai pu vous croire ! Ah,
cher enfant ! pardonne : des larmes éternelles ex-
pieront mon erreur. La gloire même de ta mort
ne me la rend que plus cruelle. Jour désastreux !
combat funeste ! ah ! c'est ainsi que le ciel venge
le crime d'une guerre impie : les vaincus, les
vainqueurs en partagent la peine horrible ; et sa
colère les confond. »

Il fallut prendre, pour ce père affligé, le soin
de son nouvel empire. Cette riche et vaste conquête, fruit des travaux de onze règnes, et qu'il
avait faite en un jour, Cusco, réduite sous ses
lois, son rival même prisonnier et mis en son
pouvoir, rien ne le touche. Il demande son fils.
Le cortége s'avance. Le corps enveloppé dans
l'enseigne fatale est déposé sous ses yeux. L'Inca
le regarde en silence. Il fait signe au cortége et à
sa cour de s'éloigner. On lui obéit ; et, seul au fond

de son palais avec l'objet de sa douleur, il s'enferme; il approche, et d'une main tremblante il soulève le voile, il découvre ce corps sanglant; il jette un cri, et se renverse, comme frappé du coup mortel. Immobile et glacé lui-même, il est sans couleur et sans voix; et quand il a repris ses sens, et que sa douleur se ranime, il s'y abandonne tout entier. Cent fois il embrasse son fils; cent fois, collant sa bouche sur ses lèvres éteintes, et de son sein pressant ce cœur qui ne bat plus contre le sien, il demande au ciel de pouvoir le ranimer, en expirant lui-même. Tantôt, contemplant la blessure, il lave de ses pleurs le sang qui s'en est épanché; tantôt ses regards immobiles, fixés sur les yeux de son fils, semblent y rechercher la vie. « Ah! dit-il, si ce corps glacé pouvait revivre! si ses yeux pouvaient me revoir! Hélas! plus d'espérance! Ils sont fermés ces yeux; ils le sont pour jamais. Ses graces, sa beauté, ses vertus, rien n'a pu prolonger ses jours; et d'un fils qui faisait ma gloire et ma félicité, voilà ce qui me reste! » C'est ainsi qu'oubliant ses prospérités, son triomphe, il s'abymait dans sa douleur.

Après qu'elle fut épuisée, et que la nature affaiblie fut tombée de cet accès dans un stupide abattement, ce père malheureux se laissa détacher des tristes restes de son fils. Ses amis, et sur-tout Alonzo, essayaient de le consoler. « Ah! laissez-moi, disait-il, payer à la nature le tribut d'une ame sensible. J'ai bu la coupe du bonheur, j'en ai épuisé les délices; l'amertume est au fond, je veux m'en abreuver. Mon fils, mon cher fils m'a donné tant de douces illusions! tant de flatteuses espérances! La douleur suit la joie; hélas! elle sera plus longue. C'est sans retour, c'est pour jamais que la joie a quitté mon cœur. »

On lui parla de sa puissance, du soin de l'affermir, des moyens de la conserver. « Qu'en ferais-je, dit-il, de cette puissance accablante? Suis-je un dieu, pour veiller sur un empire immense, pour être sans cesse et par-tout présent à ses besoins? Qu'on m'amène mon frère. Oui, je veux l'apaiser; je veux que, témoin de mes larmes, il en soit touché, qu'il me plaigne, et qu'il me trouve encore plus malheureux que lui. »

Huascar, chargé de liens, parut devant Ataliba.

« Vois, lui dit ce père affligé, vois, cruel, ce que tu me coûtes. — Il te sied bien, répond le farouche Huascar, de me reprocher une mort, quand dix mille Incas égorgés sont les victimes de ta rage ! Tu pleures, tigre, tu le dois ; mais est-ce là ce que tu pleures ? Va voir le meurtre qu'on a fait des peuples sujets de tes pères ; Cusco, ses palais et ses temples regorger du sang des vieillards, et des femmes, et des enfants ; ses murs saccagés, ses campagnes, qui ne sont plus que des tombeaux ; et pleure ton fils, si tu l'oses. »

Ces terribles mots étouffèrent dans le cœur d'Ataliba le sentiment de son propre malheur : le roi prit la place du père. Il regarde ses lieutenants, et les interroge des yeux. Leur silence même est l'aveu de ce qu'il vient d'entendre. « Il est donc vrai, dit-il, et par une aveugle fureur on m'a rendu exécrable à la terre ! Cela seul manquait à mes maux. » Alors, renversé sur son trône, et détournant les yeux pour ne pas voir la lumière, il reste dans l'accablement, et ne respire que par de longs sanglots. « Jusqu'à l'instant où ton fils a péri, lui dit Palmore avec tristesse, j'ai pu commander à tes peuples; mais, du moment qu'ils l'ont vu tomber, leur douleur, transformée en rage, n'a plus connu de frein. Punis-les, si tu veux, de l'avoir trop aimé; ou pardonne à leur désespoir, dont la cause n'est que trop juste, et dont l'excuse est dans ton cœur. Ils ont vengé ton fils, comme l'aurait vengé son père. »

« Huascar, reprit Ataliba après un long et douloureux silence, voilà les excès effroyables où se portent les nations, lorsque une fois la discorde et la guerre ont rompu les nœuds les plus saints, et chassé des cœurs la nature. Étouffons ces fureurs dans nos embrassements. Reprends ton sceptre et ton empire, et pardonne-moi tes malheurs. »

Huascar indigné le repousse, et lui dit : « Va, meurtrier de ma famille, va régner sur des morts, t'asseoir sur des ruines, et t'applaudir, en contemplant des massacres et des débris. Tel est l'empire que tu m'offres. Je ne veux de toi que la mort. Garde tes présents, ta pitié; garde les fruits de tes forfaits; qu'ils en éternisent la honte; et que, pour mieux te détester, les malheureux que je te laisse soient condamnés à t'obéir. »

« Tu sais, lui dit Ataliba, que les crimes que tu m'imputes ne sont pas les miens, tu le sais ; mais ta douleur te rend injuste. Je laisse au temps à la calmer. Un jour tu te ressouviendras que j'ai détesté la guerre, que je t'ai demandé la paix, que je te la demande encore, plus pénétré, plus accablé que toi des maux que nous nous sommes faits. Alors tu retrouveras ton frère tel que tu le vois aujourd'hui, traitable, humain, sensible et juste. Adieu. Je te laisse en ces murs, captif, il est vrai ; mais n'ayant qu'à vouloir, pour cesser de l'être. Le jour même que, sur l'autel du Soleil notre père, tu consentiras, avec moi, à nous jurer une alliance et une paix inviolable, ton trône, ton empire, tout te sera rendu. »

CHAPITRE XXXVII.

LA citadelle de Cannare fut la prison du roi
captif. Le vainqueur y laissa une garde fidèle sous
le sévère Corambé. Il envoya Palmore gouverner
en son nom les états de Cusco ; et lui, rendant,
sur son passage, aux vallons de Riobamba, de
Muliambo, d'Iliniça, les laboureurs qu'il en avait
tirés, il retourne à Quito sans pompe, accompagné du lit funèbre qui portait son malheureux fils.

L'arrivée d'Ataliba fut le tableau le plus touchant d'une désolation publique. Sa famille éplo-
rée vient au-devant de lui ; un peuple nombreux
l'accompagne : mais aucune voix ne s'élève pour
féliciter le vainqueur, on n'est occupé que du
père ; et si la nuit dérobait à ses yeux tout ce
peuple qui l'environne, aux gémissements échappés à travers un vaste silence, il se croirait dans
un désert, où quelques malheureux égarés et
plaintifs implorent le secours du ciel.

Dans cette foule, et au milieu de la famille de l'Inca, paraît une femme éperdue. Ses voiles déchirés, sa tête échevelée, son sein meurtri, ses yeux égarés, sa pâleur, les convulsions de la douleur dans tous les traits de son visage, ses mains qu'elle tend vers le ciel, tout annonce une mère, et une mère au désespoir.

Du plus loin que l'Inca la voit, il descend de son siége, il va au-devant d'elle; et la recevant dans ses bras : «Ma bien-aimée, lui dit-il, le soleil notre père a rappelé ton fils ; il dispose de ses enfants. Heureux celui que l'innocence, la vertu, la gloire, l'amour, accompagnent jusqu'au tombeau ! Il a fait la moisson, il quitte le champ de la vie. Ton fils a peu vécu pour nous, mais assez pour lui-même : il emporte avec lui ce que les ans donnent à peine, et ce qu'un instant peut ravir, les regrets et l'amour du monde. Affligeons-nous de lui survivre : l'homme à plaindre est celui qui pleure, et non pas celui qui est pleuré. Mais, par un excès de douleur, n'accusons pas la destinée ; ne reprochons pas au soleil d'avoir repris un de ses dons. » Vérités consolantes pour de moindres douleurs, mais trop faible soulagement pour le cœur d'une mère! Elle demande à voir son fils; on apporte à ses pieds ce que la mort lui en a laissé; et à l'instant, avec un cri qui part du fond de ses entrailles, elle se jette sur ce corps inanimé, elle l'embrasse, elle le serre étroitement, elle l'inonde de ses larmes, jusqu'à ce qu'elle-même, étouffée, expirante, elle ait perdu le sentiment de la vie et de la douleur.

L'Inca, dans les bras d'Alonzo, sentait rouvrir, à cette vue, toutes les plaies de son cœur; le jeune homme mêlait ses larmes aux larmes de son ami; et les neveux de Montezume, témoins de la désolation d'une auguste famille, pensaient à leurs propres malheurs.

Aciloé (c'était le nom de cette mère infortunée) fut portée dans son palais; et l'Inca se rendit au temple, où le corps de son fils, arrosé de parfums, fut déposé, en attendant le jour destiné à ses funérailles.

Après un humble sacrifice pour rendre graces au soleil, l'Inca sortit du temple; et sous le portique, où son peuple l'environnait, il éleva la voix et demanda silence. « Ma cause était juste, dit-il, et notre dieu l'a protégée; mais l'aveugle ardeur de mes troupes à nous venger, mon fils et moi, a déshonoré ma victoire; et c'est moi qui porte la peine des excès commis en mon nom. Peuple, je veux bien expier ce qu'on a fait d'injuste et d'inhumain. Mais c'est assez pour votre roi d'être malheureux; n'achevez pas de l'accabler en le croyant coupable. Il ne l'est point. J'étais expirant à Cannare, lorsqu'on y a versé tant de sang; j'étais éloigné de Cusco, lorsqu'on l'a saccagée; et j'ai détesté ces fureurs. Je vous conjure, au nom du dieu qui m'en punit, de m'en épargner le reproche. Puisse mon nom être effacé de la mémoire des hommes, avant qu'on y ajoute le surnom de cruel! Le roi mon frère, que le sort a mis entre mes mains, sera, malgré lui-même, un exemple de ma clémence. Cependant si le cri de la calamité retentit jusqu'à vous, et s'il vous fait entendre qu'Ataliba fut violent et sanguinaire; ô mon peuple! élevez la voix, et répondez qu'Ataliba fut malheureux. »

Le soir même, avec Alonzo, soulageant son ame

oppressée : « Mon ami, lui dit-il, tu sais toute l'horreur que nos discordes m'inspiraient : l'événement a passé mes craintes ; et dans cet abyme de maux, je vois trop s'accomplir mes funestes pressentiments. Vouloir la guerre, c'est vouloir tous les crimes et tous les malheurs à-la-fois. Dire à des meurtriers, qu'on assemble pour l'être, d'user de modération, c'est dire aux torrents des montagnes de suspendre leur chûte et de régler leur cours. Aucun roi ne sera jamais plus résolu que je l'étais à réprimer l'emportement et les abus de la victoire ; et voilà cependant que des millions d'hommes me regardent comme un fléau. »

« Hélas ! prince, lui dit Alonzo, l'homme, en proie à ses passions, est si faible contre lui-même et si peu sûr de se dompter ! comment pourrait-il s'assurer d'une multitude effrénée, à qui lui-même il a donné l'affreuse liberté du mal ! Mais tout cet empire est témoin que l'inflexible roi de Cusco vous a forcé de tirer le glaive. Ne vous accablez point vous-même d'un injuste reproche ; et si les malheureux que la guerre a faits, vous accusent, laissez à vos vertus répondre de votre innocence, et repoussez l'injure par la clémence et les bien-faits. »

Ces mots consolants relevèrent le courage d'A-taliba ; et sa douleur fut suspendue jusqu'au jour qu'il avait marqué pour les funérailles de son fils. C'était la fête du soleil, lorsque, repassant l'équateur, il rentre dans notre hémisphère, et revient donner le printemps et l'été aux climats du nord. C'était aussi la fête de la paternité.

CHAPITRE XXXVIII.

—

Après les cantiques, les vœux, et les offrandes accoutumées, le monarque, assis sur son trône, au milieu d'un parvis (1) immense, ayant à ses pieds les caciques, et les vieillards, juges des mœurs (2), voit s'avancer les pères de famille, qui mènent, chacun devant soi, leurs enfants parvenus à l'âge de l'adolescence. Ils s'inclinent devant l'Inca ; et après l'avoir adoré, le père, qui porte en ses mains un faisceau de palmes, les distribue à ceux de ses enfants qui ont fidèlement rempli les saints devoirs de la nature. Ces palmes sont les monuments de la piété filiale. Tous les ans, chacun des enfants dont l'obéissance et l'amour ont obtenu ce prix, l'ajoute à son tro-

(1) Cette place s'appelait *Cuci-pata*, lieu de réjouissance.

(2) *Lacta-Camayu* était le nom de ces magistrats.

phée ; et de ces palmes réunies, qu'il recueille dans sa jeunesse, il compose le dais du siége paternel, d'où lui-même il dominera un jour sur sa postérité. Ce siége est dans chaque famille comme un autel inviolable : le chef a seul le droit de s'y asseoir ; et les palmes qui le couronnent, rappelant ses vertus, disent à ses enfants : Obéissez à celui qui sut obéir ; révérez celui qui révéra son père. Dès qu'il sent la mort s'approcher, il se fait placer expirant sous ce vénérable trophée, il y rend le dernier soupir ; et, au moment de sa sépulture, ses enfants détachent ses palmes, pour en ombrager son tombeau. La menace la plus terrible d'un père à son fils qui s'oublie, c'est de lui dire : « Que fais-tu, malheureux ? si tu es indigne de mon amour, tu n'auras point de palmes sur ta tombe. » C'est donc là le signe et le gage que chaque père vient donner au monarque, père du peuple, de l'obéissance, du zèle, et de l'amour de ses enfants.

Si quelqu'un d'eux a manqué de remplir ces pieux devoirs, la palme lui est refusée. Le père, en soupirant, obéit à la loi qui l'oblige de l'accuser. Une plainte sincère et tendre échappe à regret de sa bouche ; et si le sujet en est grave , l'enfant rebelle est exilé de la maison de son père. Condamné, durant son exil, à la honte d'être inutile, attaché à l'oisiveté, il n'est admis à la culture ni du domaine du soleil, ni des champs de l'Inca, ni de celui des veuves, des orphelins, et des infirmes ; le champ même qui nourrit son père est interdit à ses profanes mains. Ce temps d'expiation est prescrit par la loi. Le malheureux jeune homme en compte les moments ; et on le voit, seul, étranger à ses amis, à sa famille, errer sans cesse autour de la demeure paternelle , dont il n'ose toucher le seuil. Celui dont l'exil finissait avec l'année révolue, rentrait ce jour-là même en grace ; les décurions (1) le ramenaient devant le trône du monarque ; son père lui tendait les bras en signe de réconciliation ; à l'instant il s'y précipitait avec la même ardeur qu'un malheureux, long-temps agité sur les mers par les vents et par les tempêtes, embrasse le rivage où le

---

(1) *Chunca-Camayu* , qui a charge de dix.

jettent les flots. Dès-lors, il était rétabli dans tous les droits de l'innocence ; car on ne connaissait point chez ce peuple si sage, la coutume d'ôter au coupable puni tout espoir de retour dans l'estime des hommes. La faute une fois expiée, il n'en restait aucune tache ; tout, jusqu'au souvenir, en était effacé.

Après que la clémence et la sévérité ont donné d'utiles leçons, le monarque prend la parole. « Pères, dit-il, écoutez-moi. Comme vous je suis père ; je le suis encore avec vous : vos enfants sont les miens. Et la royauté est-elle autre chose qu'une paternité publique ? C'est là le titre le plus auguste que le soleil, père de la nature, ait pu donner à ses enfants. Je viens donc, comme le garant de vos droits, vous les confirmer ; mais je viens, comme le modèle de vos devoirs, vous en instruire : car vos devoirs fondent vos droits, et vos bienfaits en sont les titres. La vie est un présent du ciel, qui seul la dispense à son gré. Gardez-vous donc de vous prévaloir d'un prodige, opéré par vous, et sachez où vous commencez à mériter le nom de pères : c'est lorsque ayant reçu des mains de la nature le nouveau-né de votre sang, et l'ayant remis dans les bras de celle qui doit le nourrir, vous veillez sur les jours et de l'enfant et de la mère, chargé du soin d'assurer leur repos et de pourvoir à leurs besoins. Jusque là même encore vous ne faites pour eux que ce que font pour leurs petits le vautour, le serpent, le tigre, les plus cruels des animaux. Ce qui, dans l'homme, distingue et consacre la paternité, c'est l'éducation, c'est le soin de semer, de cultiver dans ses enfants ce qu'on a recueilli soi-même, l'expérience, le seul gain de la vie, et la sagesse qui en est le fruit, et qui seule nous dédommage de la peine d'avoir vécu. Former, dès l'âge le plus tendre, par votre exemple et vos leçons, une ame honnête, un cœur sensible, un citoyen docile aux lois, un époux, un ami fidèle, un père à son tour révéré, chéri de ses enfants, un homme enfin selon le vœu de la nature et de la société, ce sont là vos devoirs, vos bienfaits et vos titres ; c'est là ce qui fonde vos droits.

« Et vous, enfants, souvenez-vous que la nature n'a prolongé la faiblesse et l'imbécillité de l'homme, que pour le lier plus étroitement à ceux dont il a reçu la naissance, et lui faire, par le besoin, une longue et douce habitude d'en dépendre et de les aimer. Si elle eût voulu le dispenser de ce tribut d'amour et de reconnaissance, elle l'eût pourvu des moyens de vivre indépendant presque aussitôt qu'il serait né, et de se suffire à lui-même. Sa longue enfance est dénuée de force et d'intelligence ; sa faiblesse n'a pour ressource ni l'agilité, ni la ruse, ni la finesse de l'instinct. Tel est l'ordre de la nature, pour forcer l'enfant à chérir et à révérer ses parents. Il semble qu'elle ait voulu l'abandonner à leurs soins, pour leur en laisser le mérite, et qu'elle ait consenti à passer pour marâtre, afin de donner lieu à toute leur tendresse de s'exercer sur leur enfant. Ainsi, en lui refusant tout, elle supplée à tout par l'amour paternel. Rappelez-vous donc votre enfance ; et tout ce qui vous a manqué dans ce long état de faiblesse, pour vous dérober aux besoins, aux périls qui vous assiégeaient, songez que c'est de vos parents que vous l'avez reçu ; que la nature, en vous jetant parmi les écueils de la vie, s'est re-

posée sur leur amour du soin de vous en garantir.
Mais ce que vous devez sur-tout à leur tendresse
vigilante, c'est de vous avoir éclairés sur les
moyens de vivre heureux ; c'est de vous avoir
adoucis, apprivoisés, soumis aux lois de l'équité,
de la raison, de la sagesse. Sans les soins qu'ils ont
pris de vous, vous seriez sauvages, stupides, féroces comme vos aïeux. Aimez donc vos parents,
pour vous avoir appris l'usage du don de la vie,
dont l'innocence fait le charme, et dont la vertu
fait le prix. »

A ces mots, des larmes de joie et d'amour
coulent de tous les yeux. Les enfants, aux genoux
des pères, s'attendrissent et rendent graces ; les
pères, en les embrassant, s'applaudissent de leurs
bienfaits. L'Inca, témoin de ce spectacle, sent
plus vivement que jamais la perte de son fils.
« Guerre impitoyable, dit-il, sans toi, sans tes
fureurs, je partagerais l'allégresse et la gloire de
ces bons pères. Il serait là, il aurait reçu de ma
main la première palme. Qui la méritait mieux
que lui ? » Il n'en put dire davantage : les sanglots
lui étouffaient la voix. Il fut quelques instants

muet et baigné dans ses larmes. « Non, reprit-il enfin, qu'on m'apporte mon fils; je ne veux pas qu'il soit frustré de ce dernier tribut d'amour et de louange. Du haut du ciel il entendra la voix gémissante d'un père; il me plaindra d'être privé de lui. »

On lui obéit; et au pied de son trône fut apporté le lit funèbre où reposait le corps de Zoraï. « Peuple, s'écria le monarque en s'y précipitant, le voilà ce modèle de l'amour filial; le voilà le plus tendre, le plus respectueux, le plus aimable des enfants. Oui, depuis sa naissance, il l'a été pour moi, il l'a été jusqu'à sa mort. Des jouissances délicieuses, des espérances encore plus douces, et tout ce que l'ame d'un père peut éprouver de joie et de consolation, tel était le prix de mes soins, et le présage du bonheur qui vous attendait sous son règne. Il était impossible qu'un si bon fils ne fût pas un bon roi. Le goût du bien, l'amour de l'ordre, le sentiment de l'équité, lui étaient naturels. Il n'estimait dans la gloire que la compagne de la vertu; il détestait le mensonge comme le complaisant du vice; il adorait la vérité.

Magnanime sans faste, et modeste avec dignité, il était simple, et il aimait tout ce qui l'était comme lui. Il ne voyait dans sa naissance que la destination et que le dévouement de sa vie au bonheur du monde; et le nom de fils du soleil, loin de l'enorgueillir, l'humiliait sans cesse, en lui faisant sentir le poids des devoirs qu'il lui imposait. Si quelqu'un des jeunes Incas se montre plus digne que moi de régir cet empire auguste, c'est à lui, me disait-il souvent, de vous remplacer sur le trône; c'est à moi de le lui céder. Jugez s'il eût fait des heureux. Vous l'auriez été sous son règne; et son père, encore plus heureux, serait mort sans inquiétude dans les bras d'un tel successeur. Un dieu juste n'a pas voulu que cette ame sensible ait vu les crimes et les ravages d'une guerre, hélas! trop funeste. Mon fils eût arrosé de larmes ce trophée de ma victoire, cet étendard qu'on a trempé dans un déluge de sang. Il n'est plus. Nous avons perdu, moi, le plus vertueux fils, et vous, le plus vertueux prince. Soumettons-nous, et allons lui rendre les tristes honneurs du tombeau. »

Alors le monarque, à la tête de sa famille et de son peuple, accompagna le corps de son fils jusqu'au temple, où, sur un trône d'or, il fut placé en face de l'image du soleil, ayant à ses pieds l'étendard qui lui avait coûté la vie, et dans sa main la palme de l'amour filial.

Cora ne parut point au temple. Alonzo l'y chercha des yeux; et ne l'ayant point aperçue, il en fut pénétré d'effroi.

Le monarque, au retour du temple, le fit appeler. « Mon ami, lui dit-il, mes tristes devoirs sont remplis. Il est temps que le père cède la place au roi, et que je me mette en défense contre cet ennemi terrible dont tu nous as menacés. C'est à toi que je me confie. Ton zèle, ton expérience, ta valeur, voilà mon espoir. — Je le remplirai, dit Alonzo; et plût au ciel que la défense et le salut de cet empire ne dût te coûter que mon sang! Je le verserais avec joie. — O mon ami! qu'ai-je donc fait, lui dit l'Inca en l'embrassant, pour avoir mérité de toi un zèle si noble et si tendre ?.... » A ces mots, on vient dire au roi que le grand-prêtre du soleil demande à lui parler.

Alonzo se retire, et va, s'il est possible, chercher
dans le sommeil un soulagement à ses peines,
et aux pressentiments terribles dont il venait
d'être frappé.

CHAPITRE XXXIX.

Pour une ame abandonnée à l'orage des passions, l'incertitude est le plus grand des maux. Battu sans cesse par les vagues de l'espérance et de la crainte, le courage n'a point de prise; la résolution même d'être malheureux n'a point de terme où se fixer.

Telle fut, pour l'ame d'Alonzo, cette longue et pénible nuit. Enfin le sommeil, par pitié, laissait tomber quelques pavots sur sa paupière appesantie. Un bruit le frappe; il se lève, et, à la faible lueur du crépuscule du matin, il voit paraître un vieillard vénérable, le front couvert de cheveux blancs, pâle et triste comme les spectres, mais conservant dans sa douleur un air noble et majestueux. « Je suis le père de Cora, lui dit-il. Ma fille m'envoie; c'est sa dernière volonté que j'accomplis. Va-t'en, malheureux jeune homme, et laisse-nous les maux que tu nous fais. Tu as porté l'opprobre et la mort dans une famille innocente, qui, sans toi, le serait encore. » A ces mots, le vieillard sentit ses genoux qui ployaient sous lui, et il tomba de défaillance. Alonzo, pâle et frémissant, lui tend les bras, et le relève. « Parlez, lui dit-il; qu'ai-je fait? de quel malheur suis-je la cause? — Cruel! peux-tu le demander? peux-tu vouloir l'entendre de la bouche d'un père? Tu nous annonçais des vertus : la bonté, la candeur, étaient peintes sur ton visage; le crime et la trahison se cachaient au fond de ton cœur. Sois content. Ma fille, trop faible, trop simple, hélas! pour avoir pu se sauver de tes artifices, ma fille vient de me révéler le parjure et le sacrilége qu'elle a commis en se livrant à toi. Elle n'a pu cacher qu'elle allait être mère; et demain notre honte éclate : demain, elle, sa mère et moi, ses sœurs, ses frères innocents, nous serons menés au supplice. La solitude, l'infamie, une éternelle stérilité, marqueront la place où ma fille est née, On dispersera notre cendre. Nous n'aurons pas même un tombeau. Va-t'en : ma fille t'en conjure.

La malheureuse t'aime encore; et, en me confiant le secret de son ame, elle m'a fait promettre de ne le point trahir. Mais elle craint que ta douleur ne te décèle et ne t'accuse; et le seul prix qu'elle demande de sa mort, dont tu es la cause, c'est que tu n'en sois pas témoin. »

Tandis que l'Indien parlait, le remords et le désespoir déchiraient le cœur d'Alonzo. Ses yeux attachés à la terre, ses cheveux hérissés d'horreur, son immobilité stupide, tout annonçait un criminel condamné par son juge; et son juge était dans son cœur. Il tombe aux pieds du vieillard, et, d'une voix étouffée, il prononce à peine ces mots : « O mon père! tu sais mon crime; sais-tu quelle fatalité m'y a poussé malgré moi? Sais-tu dans quel moment terrible la frayeur et l'égarement m'ont livré ta fille mourante, et l'ont fait tomber dans mes bras? J'atteste mon Dieu et le tien, que dans ce péril effroyable mon unique résolution était de la sauver. Nous nous sommes perdus, et nous t'avons perdu toi-même. Je ne prétends pas t'apaiser. Voilà mon sein, voilà mon épée. Frappe; venge-toi. — Me venger! Eh! ne sais-tu pas, dit le vieillard, que la vengeance est insensée ; qu'au malheur elle joint le crime, et ne soulage que les méchants ? Va, ton sang ne rachéterait ni la mère ni les enfants. Je n'en mourrais pas moins, et je mourrais coupable. Laisse-moi du moins l'innocence : tout le reste est perdu pour moi. Tu fus égaré, je le crois : tu n'es ni méchant ni perfide ; mais, quand tu le serais, nous avons dans le ciel un Dieu pour juger et punir. »

« Ame céleste ! s'écrie Alonzo, tu m'accables, tu me confonds.... Et l'opprobre, et la mort, et le dernier supplice, seraient le prix de tes vertus ! Et ta fille, aussi vertueuse, non moins innocente que toi !... Non, vous ne mourrez point. Ne me méprise pas assez pour croire que je veuille me cacher, m'enfuir lâchement. Je paraîtrai, j'avouerai tout, j'embrasserai votre défense, je vous tirerai de l'abyme où je vous ai précipités, ou bien j'y périrai moi-même. Mais commence par t'éloigner avec ta femme et tes enfants. »

« Connais-tu, lui dit le vieillard, quelque asyle contre les lois et contre les remords qui suivraient le parjure ? J'ai promis au Soleil de rester soumis à ses lois. Ma parole, ma foi, sont pour moi des liens plus forts que ne seraient des chaînes. Un Inca n'en connaît point d'autres; et je mourrai sans les briser. Toi, qui n'es point engagé sous ces lois redoutables, éloigne-toi; donne à ma fille la consolation de te savoir hors de danger. Épargne-lui l'horreur de ton supplice. —Va, dit Alonzo pénétré de respect, de douleur et de reconnaissance, va lui jurer que jamais son amant ne l'abandonnera. Je suis époux et père. Il n'est point de danger au-dessus d'un courage à-la-fois animé par l'amour et par la nature. » A ces mots, il tendit les bras au vieillard encore frémissant. « Mon père, lui dit-il, mon père, embrasse-moi, ou perce-moi le cœur. Je ne puis soutenir ta haine. » Le vieillard tombe dans son sein, l'embrasse, le plaint, lui pardonne; et des torrents de larmes se confondent dans leurs adieux.

Cependant le bruit se répand que l'asyle des vierges a été profané; que l'une d'elles a violé ses vœux; qu'elle porte le fruit d'un amour sacrilége; et que le Soleil, irrité de ce parjure abominable, en demande l'expiation. Un crime inouï jusque alors remplit d'horreur tous les esprits. Les malheurs qui l'ont annoncé, et dont peut-être il est la cause, les feux de la guerre civile allumés entre les deux frères, tout le sang qu'elle a fait couler, le fils d'Ataliba, l'héritier du trône enlevé à ses peuples par une mort funeste, ce long amas de crimes et de calamités se retrace à-la-fois comme des signes de colère, que le Soleil, en s'éclipsant, n'a déja que trop confirmés. On craint même qu'un dieu jaloux ne soit pas encore apaisé, et ne se venge sur tout un peuple de l'injure faite à sa gloire. O superstition ! le peuple le plus doux, le plus humain de l'univers, criait vengeance au nom d'un dieu dont il adorait la clémence. Il ne se rassura que lorsqu'il eut appris que le pontife avait dénoncé la criminelle au tribunal suprême ; que déja l'on creusait la tombe, et que l'on dressait le bûcher.

CHAPITRE XL.

Ce jour-là le soleil se couvrit de tristes nuages ; et ce deuil sombre de la nature ajoutait encore à l'effroi dont tous les cœurs étaient frappés. Le roi parut, selon l'usage, sous le portique du palais. Une multitude tremblante environnait le trône ; et à travers les flots de ce peuple assemblé, le pontife, les prêtres, les ministres des lois, se faisant ouvrir un passage, amenèrent devant l'Inca la jeune et timide prêtresse. Son père accablé de douleurs, sa mère pâle et défaillante ; deux sœurs plus jeunes, aussi belles ; trois frères, l'espérance d'une auguste famille, victimes de la même loi, venaient tous s'offrir au supplice.

Cora, qu'il fallait soutenir, tant elle était faible et tremblante, tomba sans force et sans couleur en paraissant devant son juge. On la ranime ; il l'interroge. Elle répond avec candeur. « Ce fut, dit-elle, dans cette nuit horrible, où le volcan menaçait d'ensevelir ces murs : ma frayeur me précipita dans les bras d'un libérateur. Voilà mon malheur et mon crime. Fils du Soleil, s'il est possible d'en adoucir la peine, écoute la nature qui réclame contre la loi. Ce n'est pas pour moi que j'implore ta clémence : il faut que je meure, je le sais. Mais regarde un père, une mère, des sœurs, des frères innocents ; c'est pour eux seuls qu'en mourant je demande grace. »

Le père alors prit la parole. « Inca, dit-il, dans un moment d'égarement et de terreur, ma fille a été faible, imprudente et fragile : c'est au dieu qui voit dans les cœurs à la juger ; mais c'est à moi d'accuser l'auteur de sa perte. Ce premier coupable, c'est moi. Ma piété aveugle a dévoué ma fille au culte des autels, et l'y a offerte en victime. Dans le moment du sacrifice j'ai entendu gémir son cœur ; et, religieusement cruel, le mien s'est endurci. Père dénaturé, j'ai vu ses larmes, je l'ai vue se précipiter dans le sein de sa mère, y chercher un asyle contre la violence du pouvoir paternel ; et moi, sans pitié, sans remords, j'ai consommé le parricide. Son crime, hélas! son premier crime fut de m'obéir; son respect, son amour pour moi l'a perdue. Je suis le bourreau de ma fille. Je la traîne au supplice!» En prononçant ces mots, le vieillard embrassait sa fille; ses sanglots étouffaient sa voix; son cœur se brisait de douleur; et les larmes de sang qui coulaient de ses yeux, inondaient le sein de Cora. Tous les cœurs étaient déchirés.

Le monarque attendri lui-même, mais contraint par la loi à user de rigueur, poursuit, et ordonne à Cora de déclarer son ravisseur et son complice.

Cora frémit, et son silence fut d'abord sa seule réponse; mais les instances de son juge la forcèrent enfin de prononcer ces mots: «Fils du Soleil, seras-tu plus cruel et plus violent que la loi? La loi me condamne à la mort; j'y traîne avec moi ma famille. N'est-ce pas assez? Te faut-il encore un nouveau parricide? Veux-tu que, portant dans la tombe, où je vais descendre vivante, le fruit de mon funeste amour, j'accuse encore celui qui lui a donné la vie? Veux-tu voir mes entrailles se déchirer d'horreur, et mon enfant épouvanté s'arracher des flancs de sa mère?»

Ces paroles firent sur l'âme d'Ataliba l'impression la plus terrible; et, sans insister davantage, il ordonnait, en gémissant, au dépositaire des lois de prononcer l'arrêt fatal, lorsqu'on vit tout-à-coup Alonzo fendre la foule et se précipiter au pied du trône de l'Inca. «C'est moi qui suis le criminel, Inca, s'écria-t-il; Cora est innocente : ne punis que son ravisseur.» A cette vue, à ces paroles que le désespoir animait, le roi frémit, le peuple reste immobile d'étonnement, et Cora tremblante et glacée : «Hélas! dit-elle, en succombant je n'aurai donc pu le sauver! — Non, reprit Alonzo, elle n'est point coupable. Je l'enlevai mourante, et son âme éperdue ne put ni consentir ni résister à son malheur.»

L'Inca voulut sauver Alonzo. «Étranger, lui dit-il, notre culte n'est pas le vôtre; vous ne connaissez pas nos lois; et ce qui pour nous est un crime, n'est pour vous qu'une erreur, que je n'ai pas droit de punir. Éloignez-vous. Nos lois n'obligent que mes sujets et moi. Vous fûtes imprudent, mais vous n'êtes point criminel, à moins que vous n'ayez usé de violence; et Cora seule a droit de vous en accuser.—Non, non, dit-elle; un charme aussi doux qu'invincible m'a livrée à lui. Cesse, Alonzo, cesse de t'imputer mon crime. Tu me fais mourir mille fois. — Loin de vous accuser, vous voyez, dit le roi, qu'elle vous déclare innocent. — Puis-je l'être, s'écrie Alonzo, après avoir égaré sa jeunesse, après avoir creusé la tombe sous ses pas, la tombe où vous allez la faire descendre vivante? O comble d'horreur! Elle s'ouvre cette tombe effroyable, elle s'ouvre à mes yeux, prête à la dévorer; et je suis innocent! Je vois s'allumer le bûcher où son père, sa mère, tous les siens vont périr; et moi, l'auteur de tant de maux, juste ciel, je suis innocent! Inca, ton amitié pour moi t'a mis un bandeau sur les yeux; et tu ne veux pas voir mon crime. Plus juste que toi, je le sens, et je m'en accuse moi-même. Pardon, malheureuses victimes d'un amour insensé, pardon! Je n'aurai pas du moins la honte et la douleur de vous survivre; et si je vous mène à la mort, je vous devancerai; j'irai sur ce bûcher me livrer le

premier aux flammes. Là, ce fer qui devait défendre un peuple vertueux, un roi que je ne
suis plus digne d'appeler mon ami, ce fer me
percera le cœur. Je ne demande, avant ma mort,
que la grace d'être entendu.

« Je ne suis ingrat ni perfide, reprit-il avec fermeté. Reçu dans la cour de l'Inca, honoré de sa
confiance, comblé de ses bienfaits, je n'ai jamais
eu le dessein de trahir l'hospitalité. Je suis jeune,
ardent, trop sensible. J'ai vu Cora, mon cœur s'est
enflammé pour elle; mais j'ai respecté son asyle.
Ce n'est qu'au moment effroyable où la montagne
mugissante lançait un déluge de feu; où le ciel
embrasé, où la terre tremblante, n'offraient par-
tout que les horreurs de mille morts inévitables;
ce n'est qu'en ce moment, qu'à travers les débris
des murs de l'enceinte sacrée, j'ai cherché, j'ai
saisi, j'ai enlevé Cora.

« Elle vous dit qu'elle a cédé! et qui n'eût pas
cédé comme elle? Est-ce assez d'une loi pour
étouffer en nous les sentiments de la nature, pour
en vaincre les mouvements? Vous exigez de la
jeunesse la froideur d'un âge avancé! Vous exigez

de la faiblesse le triomphe le plus pénible de la force et de la vertu! Ah! c'est la superstition qui vous commande, au nom d'un dieu, d'être cruels. L'en croyez-vous? oubliez-vous que le dieu que vous adorez est à vos yeux la bonté même? Quoi! le soleil, la source de la fécondité, lui par qui tout se régénère, ferait un crime de l'amour! Et l'amour n'est lui-même que l'émanation de cet astre qui vous anime. C'est ce même feu répandu au sein des métaux et des plantes, dans les veines des animaux, et sur-tout dans le cœur de l'homme, c'est ce feu que vous adorez dans son intarissable source. Vous condamnez son influence; et parce qu'une vierge innocente, faible et craintive, aura cédé aux mouvements les plus naturels, les plus doux, d'un cœur que le ciel lui a donné, son père, sa mère, ses sœurs, ses frères, seront condamnés à mourir avec elle au milieu des supplices! Non, peuple, j'en atteste votre dieu et le mien, car le soleil en est l'image : ces horreurs ne peuvent lui plaire ; et la loi qui vous les commande ne saurait émaner de lui. Elle est des hommes; elle vous vient de quelque roi jaloux, superbe et tyrannique, qui attribuait à son dieu un cœur comme le sien.

« On vous a dit que le soleil faisait à sa prêtresse un crime d'être mère, et qu'il fallait, pour expier ce crime, les supplices les plus affreux; on vous l'a dit, et vous avez eu la simplicité de le croire! Ah! peuple, on avait dit de même à vos aïeux que leurs dieux, le serpent, le vautour, et le tigre, demandaient qu'une mère versât sur leurs autels le sang de l'innocent qu'elle allaitait; et, comme vous, pieusement crédule, la mère immolait son enfant. Vous l'avez aboli ce culte; et le vôtre, non moins barbare, est encore plus insensé. »

Alors, du ton d'un homme inspiré par un Dieu, et comme si ce Dieu avait parlé par sa bouche : « Roi, peuple, dit-il, apprenez à discerner, par d'infaillibles marques, la vérité, qui vient du ciel, d'avec l'erreur, qui vient des hommes. Jetez les yeux sur la nature : voyez son ordre et son dessein. Quel que soit le Dieu qui préside à cet ordre immuable établi par lui-même, il y a conformé ses lois. Et qu'importe à l'ordre éternel le vœu qu'a fait imprudemment une jeune et faible mortelle de sécher, comme une plante oisive, dans la langueur de la stérilité? Est-ce là ce qu'en la formant lui a recommandé la nature? Voyez, dit-il en saisissant les voiles de Cora, et en les déchirant avec une audace imposante, voyez ce sein : voilà le signe des desseins de son Dieu sur elle. A ces deux sources de la vie reconnaissez le droit, le devoir sacré d'être mère. C'est ainsi que parle et s'explique ce Dieu qui n'a rien fait en vain. »

Pendant ce discours d'Alonzo, un murmure confus, élevé dans la multitude, annonça la révolution qui se faisait dans les esprits; et le monarque saisit l'instant de la décider sans retour. « Il a raison, dit-il; et la raison est au-dessus de la loi. Non, peuple, il faut que je l'avoue, cette loi cruelle ne vient point du sage Manco : ses successeurs l'ont faite; ils ont cru plaire au dieu dont elle vengerait l'injure; ils se sont trompés. L'erreur cesse; la vérité reprend ses droits. Rendons grace à l'étranger qui nous détrompe, nous éclaire, et nous fait révoquer une loi inhumaine. C'est un bienfait trop signalé, pour ne pas effacer une malheureuse imprudence. Que les prétresses du soleil n'aient plus d'autre lien qu'un zèle pur et libre ; et que celle qui désavoue la témérité de ses vœux, en soit dès l'instant dégagée. Un Dieu juste ne peut vouloir qu'on le serve à regret ; et ses autels ne sont pas faits pour être environnés d'esclaves. »

Ainsi parlait ce prince, avec la double joie de détruire un abus funeste, et de conserver un ami. Le vieillard, père de Cora, se prosterne, avec sés enfants, aux genoux du monarque ; tout le peuple, les mains au ciel, pousse des cris de joie ; Alonzo triomphant se jette aux pieds de son amante. Hélas ! encore évanouie dans les bras de sa mère, ses yeux, obscurcis d'un nuage, n'aperçoivent point Alonzo. En le voyant se dévouèr pour elle, le trouble, l'attendrissement, la frayeur, l'avaient troublée. Froide, tremblante, inanimée, laissant ployer sous elle ses genoux défaillants, elle s'était penchée sur le sein de sa mère, qui, croyant l'embrasser pour la dernière fois, n'avait pas eu la cruauté de la rappeler à la vie. Ce fut le cri de la nature, qui, du sein des pères, des mères, et de tout un peuple attendri, s'éleva jusqu'au ciel ; ce fut ce cri qui ranima ses sens. Elle revient du sommeil de la mort; elle respire, ouvre les yeux, et se voit dans les bras d'Alonzo, qui, transporté, lui dit en l'embrassant : « Vis, chère amante; tu es à moi : la loi fatale est abolie. — Que dis-tu? que fais-tu! malheureux! lui dit-elle, va-t'en, et me laisse mourir. — Non, tu vivras, reprit Alonzo. La nature et l'amour l'emportent; les saints noms de père et de mère ne sont plus un crime pour nous. » A ces mots, Cora, dans l'excès de la surprise et de la joie, soupire, serre dans ses bras son amant, son libérateur; et, trop faible pour soutenir une révolution si violente et si soudaine, succombe une seconde fois.

Tandis qu'Alonzo la ranime, le peuple s'empresse à les voir, à se réjouir avec eux. Un père, une mère, éperdus; leurs enfants, qui tremblent encore; Cora, qui, dans les bras d'Alonzo, reprend avec peine l'usage de la vie et du sentiment; le trouble, l'effroi, la tendresse de cet amant, qui craint de la voir expirer; la joie et le ravissement du peuple qui les environne, forment un spectacle si doux, que le roi, les Incas, les héros mexicains, ne peuvent retenir leurs larmes. Amazili, sur-tout, et son fidèle Télasco, en jouissent avec transport. « Ah ! Télasco, disait cette fille charmante, que ces amants vont être heureux ! Ils passent, comme nous, de l'excès du malheur à la félicité suprême. Qu'ils vont bien s'aimer ! — Comme nous, lui dit Télasco. Le ciel a fait pour eux deux cœurs tout semblables aux nôtres. »

La foule s'étant écoulée, et le monarque, avec les Incas, étant rentré dans le palais, Cora et son amant sont appelés, et le prêtre leur parle ainsi : « Cora est libre ; un Dieu qui ne veut que l'amour, ne peut exiger la contrainte ; et j'ai la joie, avant de descendre au tombeau, de voir du nombre de ses lois retrancher une loi cruelle, qui n'était pas digne de lui. Mais devant lui la sainteté de l'hymen est inviolable. Il veut qu'en sa présence le don d'une foi mutuelle en consacre les nœuds. — Ah ! le ciel et la terre me sont témoins, s'écrie Alonzo, que je suis l'époux de Cora ; qu'elle est la moitié de moi-même ; qu'elle a reçu ma foi ; que mes jours sont à elle ; et que mon devoir le plus saint est de mériter son amour. Seulement je

10.

demande, sages et vertueux Incas, que nous voyions, de votre culte ou de celui de ma patrie, quel est le plus digne du Dieu que l'univers doit adorer. J'espère que bientôt nous n'aurons plus qu'un même autel; et ce sera au pied de cet autel, sous les yeux de l'Être suprême, que la religion sanctifiera les vœux de la nature et de l'amour. »

CHAPITRE XLI.

La superstition (1), qui par toute la terre va traînant ses chaînes sacrées, dont elle charge les nations, frémit de rage, en voyant abolir la seule loi qu'elle eût dictée aux adorateurs du soleil. Mais pour s'en consoler, elle jeta les yeux sur l'Europe, où elle dominait, sur l'Espagne, où elle avait placé le siége affreux de son empire. Son triomphe s'y préparait, on y allait célébrer sa fête abominable, lorsque le vaisseau de Pizarre, ayant franchi les vastes mers, entra dans ce golfe (2)

------

(1) Le fanatisme est la frénésie du zèle. La superstition est le délire de la piété. L'un est la maladie des esprits violents, l'autre celle des ames faibles. Tous les deux outragent la religion, l'un par ses fureurs, et l'autre par ses craintes.

(2) Le golfe de Cadix.

célèbre par où l'Océan s'est ouvert un passage jusqu'aux bords de l'Égypte et de la Scythie.

'Ce grand homme, tout occupé de l'importance de ses desseins, en méditait profondément les difficultés effrayantes. L'une de ces difficultés était l'état de sa fortune. Le peu d'or qu'il avait recueilli de sa première course, s'était perdu et dissipé dans les mains de ses compagnons. Son entreprise, qui d'abord avait passé pour insensée, n'avait plus aucun partisan. La confiance était perdue; et les secours en dépendaient. Il fallait, pour la ranimer, l'éclat de la faveur du prince. Mais quelle horreur la cour d'Espagne ne devait-elle pas avoir des ravages, des cruautés qui s'exerçaient en Amérique! Ces brigands, ces fléaux de l'Inde n'étaient-ils pas en exécration à leur patrie, épouvantée des excès qu'ils avaient commis? Un jeune roi, surtout, que la cupidité n'avait pas corrompu encore, devait les détester; et dans l'opinion qu'il avait de ces cœurs féroces, il allait confondre celui qui solliciterait le droit d'imiter leur exemple, et de rendre odieux son règne aux peuples d'un autre hémisphère. Le cri plaintif de la nature, le cri de

la religion, ses ministres touuants, et lauçant l'a-
nathême sur les profanateurs qui la rendaient
complice de leurs sacriléges fureurs ; c'est là ce
que Pizarre ronlait dans sa pensée, lorsqu'un vent
favorable, l'amenaut vers les bords de la fertile
Andalousie, le fit entrer dans le port de Palos,
dans ce port d'où était parti l'intrépide Colomb,
quand, sur la foi d'un nautonnier que les tempêtes
avaient iustruit (1), il était allé découvrir ce malheureux Nouveau-Monde.

Pizarre, eu abordant, prit soin de mander à
Truxillo (c'était le lieu de sa naissauce) la nouvelle de son retour ; et il se rendit à Séville. Le
jeune roi y tenait sa cour ; et Pizarre, pour obser-
ver les mœurs et le génie de cette cour nouvelle,

---

(1) En 1484, Alonzo Sauchés de Huelua, eu allant des
Canaries à Madère, avait été, dit-on, poussé sur la côte de
Saint-Domingue. Il revint à Tercère, n'ayant plus avec lui
que quatre de ses compaguons. Dans cette ile, un fameux
pilote, Génois de naissance, appelé Christophe Colomb,
leur donna l'asyle. Ils moururent tous dans sa maison ; et ce
fut, dit-on, sur leurs mémoires qu'il entreprit la découverte
de l'Amérique.

arrivait inconnu. Tout lui parut changé dans sa déplorable patrie. En la revoyant, il gémit.

Le premier objet de son étonnement fut la solitude des villes et l'abandon des campagnes, où la contagion semblait avoir passé. « Eh quoi ! se disait-il à lui-même, est-ce pour se jeter dans les déserts du Nouveau-Monde, qu'on a quitté des champs si fertiles, si fortunés ? » Il ne fut pas moins interdit de la réserve austère et de la gravité mystérieuse et taciturne de ce peuple, autrefois brillant, ingénieux, plein de candeur et de franchise, noble jusque dans ses plaisirs, et magnifique dans ses fêtes. La tristesse, l'abattement, étaient peints sur tous les visages ; la défiance était dans tous les yeux ; la crainte avait resserré tous les cœurs.

A peine arrivé dans Séville, il veut la parcourir ; et il la voit plongée dans le silence et dans le deuil. Il se trouve au milieu d'une place publique, lieu vaste et décoré avec magnificence par les temples et les palais dont il était environné. Au centre un grand bûcher s'élève, et, non loin du bûcher, un trône resplendissant de pourpre et d'or. A cet appareil imposant, il s'arrête. Il voit arriver un peuple nombreux sans tumulte, et gardant un silence morne, tel que l'impose la terreur. Il interroge autour de lui ; il demande quel sacrilége, quel parricide on va punir avec tant de solennité, et si le roi vient présider au supplice des criminels, comme la pompe de ce trône l'annonce. Mais personne ne lui répond. « Qui que tu sois, lui dit enfin un vieillard qu'il interrogeait, ou cesse de nous tendre un piége, ou, si tu es de bonne foi, regarde, écoute, et tremble comme nous. »

Bientôt Pizarre voit paraître le cortége effrayant des juges et des vengeurs de la foi. Il les voit monter et s'asseoir sur ce trône terrible. Le calme est peint sur leur visage ; la joie éclate dans leurs yeux.

Les victimes s'avancent ; le bûcher s'allume. Une foule de malheureux, pâles, tremblants, courbés sous le poids de leurs chaînes, viennent recevoir leur sentence ; et ce décret, qui les condamne à être brûlés vivants, ce décret leur est prononcé du ton affectueux et tendre de la charité secourable et de l'indulgente bonté.

Le jeune roi avait demandé qu'au moins, dans

ce moment terrible, en présence du peuple, à la face du ciel, lorsqu'ils entendraient leur sentence, il leur fût permis de parler, de se défendre, et de se plaindre : faible adoucissement qu'il aurait voulu mettre aux rigueurs de ce tribunal, mais qui, ayant révolté les juges, fut traité de scandale, et n'eut lieu qu'une fois.

Dans le nombre était un vieillard qu'on avait surpris observant les pratiques du judaïsme. Les séductions, les menaces le lui avaient fait abjurer au temps de sa faible jeunesse. Imbu de la foi de ses pères, le regret de l'avoir quittée vint le troubler : il la reprit ; et, dans le silence et la crainte, il adressait au ciel les vœux de l'antique Sion. Son crime était connu ; sur le bord de sa tombe, il n'avait pas même daigné le désavouer : il marchait au supplice, comme une victime à l'autel. Mais lorsqu'il entendit que tons ses biens, livrés à l'avidité de ses juges, étaient ravis à ses enfants, sa constance l'abandonna. « Cruels, dit-il, c'est donc ainsi que vous dévorez votre proie ! J'ai mérité la mort, quand j'ai trahi mon ame, quand j'ai désavoué de bouche ce que j'adorais dans le cœur ;

mais qu'ont fait mes enfants, pour être dépouillés du peu de bien que je leur laisse? Ils ont subi, dès le berceau, le joug de votre loi nouvelle; je vous les ai livrés. Ah! laissez à leur mère, pour nourrir ces infortunés, un pain arrosé de mon sang, et qu'ils tremperont dans leurs larmes. »

« Eh quoi! lui répond d'un air serein le chef du tribunal terrible, ne sais-tu pas que Dieu poursuit dans les enfants l'iniquité des pères; que la dépouille des criminels de lèze-majesté divine appartient aux ministres des vengeances divines, comme les entrailles de la victime appartenaient au sacrificateur; que l'esclave n'a rien qui ne soit à son maître, et qu'enfin tes pareils sont nés esclaves parmi les chrétiens? Si l'on se réserve des biens qui n'étaient pas à toi, c'est pour en faire un digne usage; et quel plus digne usage du bien des infidèles, que de servir de récompense aux défenseurs de la foi? Si chacun vit de son travail, celui de poursuivre l'erreur sera-t-il privé de salaire? et n'est-il pas bien juste qu'une race funeste paie, en mourant, le soin pénible et salutaire que l'on prend de l'exterminer? »

« Hommes sans pudeur et sans foi, s'écria le vieillard, la force vous seconde, et votre hypocrisie abuse insolemment du pouvoir de vous opprimer. Mais tremblez que le ciel enfin ne se lasse.... » On ne permit pas au vieillard d'achever; et il fut jeté dans les flammes.

Après lui, se présente devant le tribunal un jeune homme simple et timide, né parmi les chrétiens, élevé dans leur croyance, et n'ayant pas même l'idée des erreurs qu'on lui attribuait. Il aimait une fille aussi simple que lui, aussi pieuse, aussi docile; il en était aimé : un rival furieux l'avait accusé d'hérésie; et ce fourbe avait pour complice un confident digne de lui. Dans les cachots, dans les tortures, l'infortuné jeune homme avait pris mille fois la terre et le ciel à témoin de sa foi, de son innocence; on ne l'avait point écouté. En paraissant devant ses juges, et à la vue du bûcher, ses plaintes, ses cris redoublèrent. « Ministres du dieu que j'adore, et vous, peuple, dit-il, je proteste en mourant que j'ai vécu fidèle à la religion de mes pères. Je crois tout ce que nos pasteurs, dès l'enfance, m'ont enseigné. Qu'on me dise dans quelle erreur j'ai pu tomber, sans le vouloir; je l'abjure et je la déteste. Que voulez-vous de plus? — Nous voulons que vous-même vous fassiez le sincère aveu de votre impiété. — Je ne la connais pas. Opposez-moi du moins mes accusateurs; qu'ils paraissent, qu'ils me confondent à vos yeux. — Non, lui dit-on encore : l'intérêt de la foi ne permet pas que l'on décèle ceux qui veillent à sa défense, et qui nous dénoncent l'erreur. N'avez-vous pas déclaré vous-même que vous n'aviez point d'ennemis? — Hélas! non : je ne hais personne; j'ignore qui peut me haïr. — Hé bien, ce n'est donc pas la haine, mais le zèle qui vous accuse; et le zèle est digne de foi. — O mon père, dit le jeune homme à un religieux qui l'exhortait à la mort, je suis attaché à la vie; ce supplice me fait frémir. Dites-moi quel aveu l'on attend que je fasse; et, tout innocent que je suis, je veux bien me calomnier. — Moi! vous enseigner le mensonge! lui dit cet homme pieusement cruel. A Dieu ne plaise. Non, mon fils, mourez martyr, plutôt que d'en imposer à vos juges. Après tout, ne vous flattez pas que cet aveu tardif pût vous sauver. Il n'est plus temps. C'est dans les fers que l'on doit s'avouer coupable. Mais, à l'approche du supplice, ce n'est plus un vrai repentir, c'est la frayeur qui parle; on ne l'écoute plus. » Ce fut alors que le jeune homme, s'abandonnant à sa douleur, et versant des torrents de larmes, en fit couler de tous les yeux. « O Dieu! dit-il, on m'annonçait ta religion pure et sainte comme l'appui de l'innocence; et tes ministres!.... » On l'interrompit, pour le traîner sur le bûcher.

Tandis qu'un tourbillon de feu l'enveloppait vivant, et que ses cris déchiraient tous les cœurs, un Maure à-peu-près du même âge, mais plus ferme et plus courageux, fut condamné comme blasphémateur, pour avoir murmuré contre le fanatisme et son tribunal odieux. On lui prononça sa sentence, en l'exhortant à déclarer, devant Dieu et devant les hommes, qui pouvait l'avoir soulevé contre les vengeurs de la foi. « Peuple, s'écria-t-il avec indignation, savez-vous qui l'on veut que j'accuse? Mon père. On me l'a nommé dans les fers, ce complice dont on s'efforce de me rendre le délateur. C'est lui qu'on veut que je

traîne au supplice. On m'a promis d'user envers
moi d'indulgence , si j'étais assez lâche, assez dénaturé pour noircir et calomnier celui qui m'a
donné le jour. Ah ! loin de l'accuser , j'atteste
toutes les puissances du ciel, que ce vieillard est
innocent. Il gémit comme vous , mais dans le fond
de son ame ; et , à moins que des larmes n'offen-
sent nos tyrans, il ne les offensa jamais. Plus impatient, j'ai parlé, je l'ai détestée hautement, cette
tyrannie odieuse. J'ai demandé, au nom du ciel,
par quelle haine de la vérité, par quelle horreur
de l'innocence, on refusait à l'accusé le droit naturel et sacré d'une défense légitime ; pourquoi le
délateur, dispensé de paraître, portant ses coups
dans l'ombre, comme un lâche assassin, et se
tenant enveloppé dans le manteau du juge, était
compté au nombre des témoins ? Cette procédure
infernale, cet appareil d'iniquité, des fers, des
cachots, des ténèbres, un silence affreux, tous les
pièges de l'artifice et du mensonge, pour surprendre ou pour effrayer un malheureux abandonné à la calomnie, à la fraude la plus subtile et
la plus noire ; voilà ce qui m'a révolté. Je l'ai dit :

ma franchise les a blessés ; ils m'en punissent ; mais un jour ces fourbes seront démasqués ; et leurs crimes retomberont sur eux, comme un déluge, avec les vengeances du ciel. »

A ces mots, s'arrachant des bras de celui qui l'accompagnait : « Laisse-moi, lui dit-il, je ne reconnais point le dieu que mes bourreaux adorent. Dieu juste, Dieu clément, père de tous les hommes, s'écria-t-il, reçois mon ame. » Et lui-même, en trainant ses chaînes, il s'élança sur le bûcher.

Après lui, venait une foule d'adolescents de l'un et de l'autre sexe, élevés en silence sous la loi musulmane, et livrés pour ce crime aux inquisiteurs de la foi. On leur avait promis, s'ils se faisaient chrétiens, qu'on les sauverait du supplice. Faibles, timides et crédules, ils s'étaient faits chrétiens ; et on les menait au supplice. Ils réclamèrent la promesse sur la foi de laquelle ils avaient abjuré. « Cette promesse, leur dit-on, va s'accomplir dans l'autre vie. Vous serez sauvés du supplice, mais d'un supplice au prix duquel celui-ci n'est rien. Mes enfants, ne pensez qu'à mourir fidèles ; et, trop heureux de n'avoir à subir qu'une expiation passagère, résignez - vous sans murmurer. » Leurs larmes furent inutiles ; et du milieu des flammes, où ils furent jetés, leurs bras s'étendirent en vain : leurs bras suppliants retombèrent ; et bientôt tout fut consumé.

Pizarre, qui, placé trop loin du tribunal, n'avait entendu que des cris, en voyant toutes ces victimes entassées sur le bûcher et dévorées par les flammes, tandis que l'air retentissait de saints cantiques d'allégresse, et que de pieux fanatiques, levant les mains au ciel, lui offraient pour encens la fumée du sacrifice ; Pizarre, saisi de terreur et de compassion, se disait à lui-même : « l'Espagne a-t-elle changé de culte ? et lui a-t-on rapporté de l'Inde les dieux qu'adorent les sauvages, et qu'ils abreuvent de leur sang ? » Il vit la foule s'écouler, pensive et consternée : il imita le peuple ; et, de retour chez lui, il y trouva l'un de ses frères, Gonzale, qui venait d'arriver à Séville impatient de le revoir.

CHAPITRE XLII.

Après les premiers mouvements de la tendresse et de la joie, Pizarre, ayant bien observé qu'aucun témoin ne pût entendre leur entretien, ni le troubler, commença par faire à Gonzale le récit de ses aventures. Il lui expose ensuite l'objet de son voyage ; et finit par lui demander quelle étrange révolution s'est faite, depuis son absence, dans le génie, dans les mœurs, dans le culte de sa patrie, et quelle est cette horrible fête dont il vient d'être le témoin.

« Trop jeune et trop obscur, quand tu as quitté ces bords, lui dit Gonzale, tu n'as pu voir préparer ces événements ; mais aujourd'hui que ta fortune en dépend, je dois t'en instruire. Écoute, mon frère, et gémis.

« Les Maures, nos vainqueurs, s'étaient répandus dans l'Espagne : ils y avaient apporté les arts.

l'agriculture et le commerce ; et, en éclairant les esprits, ils avaient adouci les mœurs. La prospérité, la grandeur, l'opulence de ce royaume, cultivé, enrichi, décoré par leurs mains, méritait de faire oublier leur invasion et leurs ravages. Vaincus et soumis à leur tour, ils ne demandaient qu'à jouir d'une liberté légitime, qu'à vivre sujets de nos rois, en conservant le culte de leurs pères ; et si la superstition ne se fût emparée de l'esprit d'Isabelle, jamais règne n'eût été plus heureux ni plus florissant que le sien. Mais cette reine, que son génie et son courage auraient placée au rang des plus grands hommes, eut le malheur d'être trompée par un confident fanatique (1), qui, dès la plus tendre jeunesse, l'enivrait d'un faux zèle, et l'avait fait jurer, si elle montait sur le trône, d'employer le fer et le feu pour exterminer l'hérésie et faire triompher la foi. Ce fut pour accomplir cette téméraire promesse, qu'elle érigea ce tribunal de sang.

« Armé d'une puissance énorme, affranchi de

____

(1) Thomas Torquémada, dominicain.

toutes les lois protectrices de l'innocence, et con-sacré par un pontife (1) qui lui confiait tous ses droits, ce tyran des esprits les remplit d'une sainte horreur (2). C'est ici, dans Séville même, que fut célébré le premier de ces sacrifices bar-bares, que l'on appelle *Actes de foi* (3). Ce jour exécrable coûta vingt mille sujets à l'Espagne : ils s'enfuirent épouvantés ; et l'Afrique fut leur refuge. Dans la Castille et dans Léon de nouveaux bûchers s'allumèrent; et on y jeta dans les flammes des milliers de malheureux. Le même fléau s'é-tendit dans l'Aragon, et y fit les mêmes ravages. L'Espagne entière en fut frappée, et d'un royaume à l'autre la superstition voyait, comme autant de signaux, les feux qui dévoraient ses innombrables victimes. Des multitudes de proscrits, échappés à la rage de leurs persécuteurs, s'abandonnaient à la merci des flots ; et l'Afrique en fut repeuplée.

---

(1) Sixte IV.

(2) En quatre ans l'Inquisition fit le procès à cent mille personnes, dont six mille furent brûlées.

(3) *Auto-da-fé.* Le premier à Séville en 1480.

Enfin la Grenade, conquise sur les Maures, devint à son tour le théâtre de ces déplorables fureurs(1). Ah! Pizarre, quelle province le fanatisme a désolée ! Un peuple industrieux, vaillant, éclairé, mêlant aux travaux le charme consolant des fêtes ; plus de trente villes superbes, où fleurissaient les arts; cent autres villes moins opulentes, mais toutes riches et peuplées ; deux mille villages remplis de cultivateurs fortunés ; les plus belles cam-

---

(1) Premier édit contre les Juifs, en 1492. Cet édit les obligeait à se convertir, ou à quitter l'Espagne. Cent mille familles se convertirent ou feignirent de se convertir ; huit cent mille Juifs se retirèrent en Portugal, en Afrique, ou dans l'Orient.

Second édit contre les Maures en 1501, qui les forçait à se faire baptiser, ou à sortir du royaume en trois mois, sous peine d'être faits esclaves. Une assemblée de théologiens et de jurisconsultes avait décidé qu'on pouvait en venir à cette violence, malgré la foi du plus solennel des traités. Le pape Clément VII releva l'empereur Charles-Quint du serment fait par lui, ou par ses prédécesseurs, de permettre aux Maures le libre exercice de leur religion ; et il l'exhorta à chasser de l'Espagne tous ceux qui refuseraient d'embrasser le christianisme.

pagnes, les plus riches de l'univers, tout est perdu, tout est détruit : la mort, l'effroi, la solitude y règne ; la tyrannie des esprits, la plus odieuse de toutes, comme la plus injuste et la plus violente, en a fait de vastes tombeaux, où elle domine en silence sur des cendres et des débris. »

« Ainsi, lui demanda Pizarre, les rapines, les cruautés que l'on exerce en Amérique, étonnent peu l'Espagne ? — Elle y est endurcie par ses propres malheurs, reprit Gonzale. Et de quoi veux-tu qu'elle s'étonne et s'épouvante ? Parmi nous, dans son sein, elle voit consacrer les crimes les plus odieux. L'humanité n'a plus de droits, le sang n'a plus de priviléges. Que le fils accuse son père, le père ses enfants, la femme son époux ; c'est le triomphe du faux zèle. Ils sont accueillis, écoutés ; et l'accusé périt sur leur délation. Un simple soupçon fait saisir, traîner dans les cachots la faible et timide innocence ; et l'imposture qui l'accuse, protégée à l'abri d'un silence éternel, est sûre de l'impunité. La seule ressource du faible, la fuite, est réputée une preuve du crime ; et l'anathème qui poursuit le transfuge, rompt pour lui les nœuds les plus saints. En lui, ses amis méconnaissent leur ami, ses enfants leur père, ses sujets leur roi : plus d'asyle, plus de refuge assuré pour lui, pas même au sein de la nature. La main qui lui perce le cœur est innocente; elle a vengé le ciel. Tout chrétien est, de droit divin, le juge et le bourreau d'un infidèle fugitif. Telle est la loi du fanatisme; et je t'épargne le détail de mille atrocités pareilles, qui forment son code infernal (1). Ne crains donc plus de voir les esprits soulevés de ce qui se passe dans l'Inde. »

« Et la cour, demanda Pizarre, est-elle attaquée de ce délire? — La cour ne pense, lui répondit Gonzale, qu'à tirer avantage de nos calamités. Que le peuple tremble et fléchisse, c'est tout ce qu'elle veut; et les malheurs de l'Inde ne la touchent que faiblement. Les grands, avec pleine licence, opprimaient autrefois le peuple : les juges leur étaient vendus : les lois se taisaient devant eux; et, sans frein comme sans pudeur, ils

____

(1) Voyez le Directoire des inquisiteurs, et l'extrait qu'on en a donné sous le titre de Manuel des inquisiteurs.

exerçaient impunément les vexations les plus
criantes. Le peuple est rentré dans ses droits; la
régence de Ximenès l'a tiré de l'oppression : il
est armé, discipliné, ligué pour sa propre défense; la force est du côté des lois; et le peuple,
qu'elles protégent, les protége à son tour contre
les attentats des grands, leurs ennemis communs.
Ainsi le faste de la cour, n'ayant plus au-dedans
les ressources du brigandage, a rendu les grands
plus avides des richesses du dehors; et l'espérance de partager les dépouilles du Nouveau-
Monde, en fait de zélés partisans au premier
qui promet d'en payer le tribut à leur orgueil-
leuse avarice. Tout est vénal sous ce nouveau
règne; et, quand l'or est le prix de tout, on obtient tout avec de l'or : c'est ce que j'ai voulu
t'apprendre. Flatte l'ambition et la cupidité; ce
sont elles qui nous dominent. Elles président dans
les conseils, elles ont l'oreille du prince, elles
sont l'ame de la cour. La religion même est ici
leur esclave; et tu verras qu'on la fait taire,
quand elle prétend les gêner. Rome, le siége de
l'église, vient d'être prise et saccagée; le souve-

rain pontife a été mis aux fers.... — Sans doute par les infidèles ? demanda Pizarre. — Par nous, reprit Gonzale, par ce jeune empereur qui lui-même a porté le deuil de sa victoire. Va le trouver ; annonce-lui une vaste et riche conquête. Il gémira peut-être sur le malheur de l'Inde ; mais si ce malheur est utile à sa grandeur, à sa puissance, il le laissera consommer. »

Pizarre, en profitant des instructions de Gonzale, eut sans peine accès à la cour. On le présente à l'empereur, et au milieu du conseil assemblé, ce jeune prince ayant daigné l'entendre, le guerrier lui parle en ces mots :

« Puissant et glorieux monarque, vous voyez l'un des premiers soldats qui, sous le règne de Ferdinand, ont porté les armes de la Castille dans le Nouveau-Monde. Je m'appelle Pizarre : Truxillo m'a vu naître le plus obscur de vos sujets ; mais j'ai l'ambition, peut-être le moyen de faire oublier ma naissance. Sur la côte de Carthagène et vers les bords du Darien, je suivis Alphonse Ojeda, l'homme le plus déterminé qui fut jamais. J'appris à son école qu'il n'est point de dangers que le

courage ne surmonte; et je puis dire qu'il m'a
mis à l'épreuve de tous les maux. Après lui ce fut
sous Vasco de Balboa que je servis, et que je
conçus l'espérance d'égaler Colomb et Cortès.

« On vous a vanté les richesses de l'Amérique;
et moi, je vous annonce qu'on ne les connaît pas.
Les îles dont la découverte a fait la gloire de
Colomb, le royaume dont la conquête a rendu
Cortès si fameux, ne sont rien en comparaison des
pays que j'ai découverts, et dont je viens vous
faire hommage. C'est le royaume des Incas, peuple adorateur du soleil, dont ses rois se disent les
enfants. Et qui ne le croirait leur père, en voyant
les richesses que ses rayons répandent dans ces
heureux climats?

« C'est une chaîne de montagnes d'or, qui s'é-
tend depuis l'équateur jusqu'au tropique du midi;
et, parmi ces montagnes, les plus riants coteaux
et les vallons les plus fertiles. Le même jour y
présente toutes les saisons réunies; la même terre
y produit à-la-fois les fleurs, les fruits, et les
moissons.

« Les peuples de ces contrées sont vaillants,

mais presque sans armes. Il est facile de les vaincre, plus facile de les gagner par la clémence et
la douceur. J'avais abordé sur leurs côtes, je pé-
nétrais dans leur pays; et avec un vaisseau et
moins de deux cents hommes, j'aurais mis sous
vos lois un florissant empire, et à vos pieds des
monceaux d'or. Le vice-roi de Panama, jaloux
d'une entreprise commencée avant lui, et dont il
n'avait pas la gloire, a rappelé mes compagnons:
il ne m'en est resté que douze; et avec eux j'ai
soutenu, dans une île déserte, au milieu des tempêtes, les plus rudes épreuves de la nécessité. J'attendais un faible secours; on me l'a refusé, et on
m'a rappelé moi-même. J'ai obéi, sans renoncer à
ma glorieuse entreprise; et, pour vous soumettre
un pays le plus riche de l'univers, je ne demande
que l'honneur dont jouit Cortès au Mexique,
l'honneur de commander pour vous, et de n'obéir
qu'à vous seul. »

Pizarre mit alors sous les yeux du conseil le
récit de ses aventures, attesté par ses compagnons;
et ce récit, quoique très-simple, ne fut pas lu
sans étonnement. Mais, soit que le jeune empe-

reur voulût encore éprouver Pizarre, soit que par sa naissauce il ne le crût pas digne du titre auquel il aspirait : « L'audace de ton entreprise, lui dit-il, semble autoriser celle de ton ambition ; mais sois content de partager les richesses que tu m'annonces, et ne demande rien de plus. — Des richesses ? lui dit Pizarre d'un air chagrin et dédaigneux ; mes matelots et mes soldats en reviendront chargés. Il me faut de la gloire. Le reste est au-dessous de moi. Si je ne suis pas digne de gouverner, je ne suis pas digne de vaincre. Nommez le vice-roi qui me doit remplacer ; je l'instruirai : mon plan, mes projets, mes découvertes, je lui communiquerai tout, excepté mon courage.... dont j'ai besoin pour dévorer l'humiliation d'un refus. »

Cette franchise brusque et fière ne déplut point au jeune monarque. « Il me servira bien, dit-il, puisqu'il ne sait pas me flatter. » Il lui accorda sa demande ; et Pizarre, dès ce moment, vit une foule de courtisans l'entourer, le féliciter, briguer l'honneur de protéger ses cruautés et ses rapines, et mendier le prix infame de l'appui qu'ils lui promettaient. Il vit une jeunesse ardente, ambitieuse, se disputer la gloire de le suivre et de partager ses travaux; il vit l'avarice elle-même s'empresser, à l'appât du gain, de lui équiper une flotte, et risquer, en tremblant, les frais d'une entreprise dont elle attendait des trésors.

Pizarre, sans croire en imposer à ceux qui se fiaient à lui, leur prodigua les espérances, se ménagea l'appui des grands, s'attira la faveur du peuple, fit un choix de bons matelots et de soldats déterminés, et, parmi les plus braves, prit vingt hommes d'élite pour commander sous lui. Ses frères furent de ce nombre (1). Le jeune Gouzalve Davila ne fut point oublié : Charles daigna recommander à Pizarre de l'emmener avec lui en passant à l'île Espagnole.

Ainsi, tout secondant ses vœux, Pizarre, dans le même temple (2) et sur le même autel où Magellan avait fait le serment d'obéissance et de fi-

----

(1) Fernand, Jean, et Gouzale Pizarre.
(2) Dans l'église de Notre-Dame de la Victoire.

délité à la couronne de Castille, Pizarre, dans les mains de Charles, prononça le même serment.

« Guerrier, lui dit le jeune prince, ici l'on confond tous les droits; chacun, selon ses intérêts ou ses opinions, fait pencher la balance entre les Indiens et nous (1). Fatigué de tous ces débats, je te recommande deux choses : l'une, de faire à ton pays tout le bien que tu croiras juste et qui dépendra de toi; l'autre, de faire aux Indiens le moins de mal qu'il te sera possible; car si je veux en être obéi, je desire encore plus d'en être aimé. » A ces mots, il lui ceignit l'épée, cette épée qui devait être la marque de sa dignité (2), et qui ne fut pour lui qu'une trop faible défense contre de lâches assassins.

Cependant sa flotte à la rade, et ses compagnons rassemblés dans le port de Palos, n'atten-

_____

(1) On sait que la cour était composée de Flamands et d'Espagnols. Les Flamands étaient pour les Indiens, et voulaient qu'on les laissât libres. Les Espagnols avaient des intérêts et des principes opposés.

(2) Marquis, gouverneur, et Adelantade ou lieutenant-général.

dent que lui et les vents. Il arrive : les vents l'in-
vitent à partir ; il s'embarque, il fait lever l'ancre,
et part aux acclamations de tout un peuple qui
l'exhorte à revenir, chargé des richesses de l'Amérique, déposer les dépouilles des temples du
Soleil au pied des autels du vrai Dieu.

CHAPITRE XLIII.

En abordant à l'île Espagnole, Pizarre apprit que Las-Casas, attaqué d'une maladie que l'on croyait mortelle, languissait au bord du tombeau. Il l'alla voir. Gonzalve Davila était auprès de lui, et le servait avec ce zèle tendre qu'un fils aurait eu pour son père.

Le solitaire, en revoyant Pizarre, se sentit vivement ému. Sur son visage, où étaient peintes la douleur, la faiblesse, et la sérénité, se répandit un rayon de joie. « Mon ami, dit-il à Pizarre en lui tendant la main, je vais le voir ce Dieu qui nous a tous fait naître pour nous aimer mutuellement, pour vivre en paix, nous secourir et nous soulager dans nos peines. Voyez combien l'image de la mort est tranquille et riante pour l'homme simple et doux qui se dit à lui-même : Je n'ai jamais fait gémir l'innocent. Voyez avec quelle confiance mes yeux, avant de se fermer, se lèvent encore vers le ciel ; avec quelle consolation mes bras s'étendent vers mon père. Il me voit expirant, et il dit : Celui-là fut bien faible, mais il ne fut pas méchant ; son sein renferme un cœur sensible ; ses yeux n'ont jamais vu les larmes des malheureux sans y mêler des larmes ; ces mains qu'il tend vers moi, il les tendait de même vers les infortunés qu'il pouvait secourir : je serai miséricordieux envers l'homme compâtissant. Ah ! Pizarre ! je vous souhaite une mort semblable à la mienne. Méritez-la en exerçant la justice et l'humanité. »

A cette voix faible et touchante, à ce langage qu'animait une piété vive et tendre, à ces regards où semblait éclater la dernière étincelle de la vie et du sentiment, Pizarre fut ému ; il pressa dans ses mains la main de l'homme juste. « O mon père, dit-il, vivez pour me voir pratiquer ce que votre exemple m'enseigne, ce que m'inspirent vos vertus. Pour vous répondre de moi, j'avais besoin d'être revêtu d'une autorité imposante : je le suis ; et j'espère apprendre à ma patrie à conquérir sans opprimer. »

Le solitaire lui demanda des nouvelles de son ami, du vertueux Alonzo. « Il m'a quitté, lui répondit Pizarre avec douleur ; il s'est jeté parmi les sauvages. »

« Le bon jeune homme ! dit Las-Casas, il les aima toujours ; il est digne d'en être aimé. Mais dites-moi quel est à leur égard l'esprit de la nouvelle cour d'Espagne ? — Elle est partagée, lui dit Pizarre ; mais le parti de l'avarice et de la tyrannie est toujours le plus fort. J'ai même vu dans le sacerdoce des hommes dévoués à ce parti cruel. Ils s'autorisent de la cause de Dieu, pour conseiller la violence ; et ils l'exercent en Espagne avec une rigueur que je n'ai pu voir sans frémir. » Alors il lui fit le tableau de cette fête abominable, à laquelle lui-même il avait assisté. « Les monstres ! » s'écria Las-Casas avec un sentiment d'horreur si profond, si passionné, qu'il en oublia sa faiblesse. « O mon ami ! daignez en croire le témoignage d'une bouche expirante : car les craintes, les espérances, et tous les intérêts humains s'évanouissent devant celui qui ne va plus laisser au monde qu'une poussière inanimée ; et c'est ce moment

que je saisis pour rendre gloire à la religion.
Vous avez entendu, vous entendrez encore autoriser, au nom du ciel, les plus détestables excès.
L'orgueil, l'ambition, la cupidité, la passion in-
satiable de dominer et d'envahir, ont trouvé dans
le sanctuaire et jusqu'au pied des autels, de lâches
partisans, de féroces apologistes ; et, par une
bassesse indigne d'un ministère auguste et saint,
on a cru devoir se ranger du côté du puissant, du
fort, et de l'injuste, pour s'assurer de leur appui.
Mais, mon ami, Dieu est immuable, la vérité
l'est comme lui. Ni l'un ni l'autre n'a besoin de
la faveur d'une cour avare et d'une populace
avide. Le glaive de la tyrannie, le sceptre de
l'iniquité, seront réduits en poudre ; les trônes
même ne seront plus ; et Dieu sera, et la vérité
avec lui. J'atteste donc ici ce Dieu devant lequel
je vais paraître, qu'il condamne dans ses ministres cette honteuse politique, vile esclave des
passions ; je l'atteste qu'il n'a donné à aucun
homme sur la terre le droit de forcer la croyance
et d'annoncer sa loi le poignard à la main ; que
celui qui a créé les âmes des Maures et des In-

dieux, n'a pas besoin de nos tortures pour les changer et les réduire; et que le Dieu qui fait lever le soleil sur ces régions, y fera luire aussi, quand bon lui semblera, le flambeau de la vérité. Ainsi, toutes les fois que vous verrez des hommes sacriléges remettre le fer et le feu dans les mains des rois et des peuples, et puis lever les mains au ciel, et dire : Elles sont innocentes, elles n'ont point versé le sang; fuyez ces fourbes hypocrites. Qu'ils soient bourreaux eux-mêmes, s'ils veulent des martyrs. Mais gardez-vous d'attribuer à la religion la dureté, l'orgueil, la cruauté de ses ministres. La paix, l'indulgence, et l'amour, voilà son esprit, son essence. C'est à ce caractère immuable, éternel, qu'on la reconnaîtra toujours. Mon ami, je l'ai dit aux rois, je l'ai dit aux tyrans de l'Inde; et si Dieu prolongeait mes jours, j'irais le dire à ce jeune monarque dont on égare la raison; je monterais sur ce bûcher où l'on fait périr, dites-vous, tant de malheureuses victimes; et de là je demanderais à ce tribunal sanguinaire, si c'est sur l'autel de l'agneau qu'il a pris ces tisons ardents ? Je demanderais à ce roi, qui l'a rendu le juge des pensées et le tyran des ames ? et si ces prêtres fanatiques ont pu lui conférer un pouvoir qu'ils n'ont pas ? Ils le renverseraient ce bûcher infernal, ou m'y feraient brûler vivant. »

« Homme juste, lui dit Pizarre, calmez-vous ; et n'abrégez point des jours qui nous sont précieux. Vous avez assez fait ; et ce zèle héroïque va même au-delà des devoirs que vous impose votre état. — Mon état ! et qui rendra gloire à la religion, si ce n'est son ministre ? Qui la vengera de l'injure qu'un fanatisme atroce lui fait en l'invoquant ? Les voilà nos devoirs, sans doute. Tant que les peuples et les rois ne mêlent point les intérêts du ciel dans leurs projets d'iniquité, ils peuvent nous fermer la bouche ; mais dès qu'ils s'autorisent de la cause de Dieu pour être injustes et cruels, c'est à nous, à travers les lances et les épées, de crier que Dieu désavoue les crimes commis en son nom. Malheur à nous, si par notre silence on l'en croyait complice. Eh quoi ! le zèle ne saura-t-il jamais qu'opprimer et détruire ? La charité, comme la foi, n'aura-t-elle pas ses martyrs ? »

Tandis que Las-Casas, d'une voix ranimée par l'amour de l'humanité, tenait ce langage à Pizarre, la nuit avait enveloppé l'île Espagnole de ses ombres; le silence y régnait : tout reposait, jusqu'aux esclaves; on n'entendait que le bruit des flots qui se brisaient contre le rivage avec un murmure plaintif, qui semblait imiter celui de la nature, opprimée dans ces climats.

Alors on entendit frapper à la porte du solitaire. Le jeune Davila se lève, va, et revient avec inquiétude; et se penchant sur le lit de Las-Casas, il le consulte en secret. « Oui, qu'il entre, dit Las-Casas. Pizarre est magnanime; et ce serait lui faire injure, que de nous méfier de lui. Vous allez voir, lui dit-il, un cacique, qui, s'étant retiré depuis plus de dix ans dans les montagnes de l'île (1), s'y conduit avec une valeur et une bonté sans exemple. Par lui sa retraite sauvage est devenue inaccessible; et c'est le refuge assuré de tous les insulaires qui échappent à leurs tyrans. Il a discipliné trois cents hommes pleins de cou-

____

(1) Les montagnes de Baoruco.

rage, et il les contient dans les bornes d'une défense légitime. Vigilant, actif, plein d'ardeur, et aussi prudent qu'intrépide, il se tient sur ses gardes, et il n'attaque jamais. Il a vu massacrer ses amis, sa famille entière; il a vu brûler vifs son père et son aïeul (1); et s'il lui tombe entre les mains un des bourreaux de sa patrie, il le désarme et le renvoie: son ennemi le plus cruel, dès qu'il est pris vivant, est assuré de son salut; il ne voit plus en lui qu'un homme. Heureusement, et pour la gloire de la religion, il est chrétien. J'ai eu le bonheur de l'instruire: il s'en souvient; il m'aime tendrement. Il a su que j'étais malade; et vous voyez à quels dangers il s'est exposé pour me voir. »

Barthélemi achevait à peine, lorsque le jeune Davila revint, suivi du cacique, qu'une Indienne accompagnait. Henri (c'était le nom de ce héros sauvage) se précipite avec transport sur le lit de Las-Casas; et lui baisant mille fois les mains avec un attendrissement inexprimable: « O mon père,

---

(1) A Xaragua, sous le gouvernement d'Ovando.

dit-il, mon père! je te revois. Qu'il me tardait! Mais je te revois souffrant; et ta main brûle sous mes lèvres! Mes frères, tes enfants, alarmés de ton mal, sont venus affliger mon ame. Je n'ai pu résister à l'impatience de te voir. Si j'étais pris, je sais ce qui m'attend; mais j'ai voulu m'y exposer, pour venir embrasser mon père. Écoute, ajouta le sauvage en soulevant sa tête, ils disent que tu es attaqué d'une maladie à laquelle le lait de femme est salutaire. Je t'amène ici ma compagne. Elle a perdu son enfant; elle a pleuré sur lui; elle a baigné du lait de ses mamelles la poussière qui le couvre; il ne lui demande plus rien. La voilà. Viens, ma femme, et présente à mon père ces deux sources de la santé. Je donnerais pour lui ma vie; et si tu prolonges la sienne, je chérirai jusqu'au dernier soupir le sein qui l'aura allaité. »

Barthélemi, les yeux attachés sur Pizarre, jouissait de l'impression que faisait sur le cœur du Castillan la bonté du cacique : le jeune Davila, présent, versait de douces larmes; et l'Indienne, d'une beauté céleste et d'une modestie encore plus ravissante, regardant Las - Casas d'un œil respectueux et tendre, n'attendait qu'un mot de sa bouche pour y porter son chaste sein.

Las - Casas, pénétré jusqu'au fond de l'âme, voulut refuser ce secours. « Ah ! cruel ! s'écria le cacique, dis-nous donc, si tu veux mourir, quel est l'ami que tu nous laisses. Tu le sais, nous n'avons que toi pour consolation, pour espoir ; si tu nous aimes, si tu nous plais, et si je te suis cher moi-même, accorde-moi ce que je viens te demander au péril de ma tête, au milieu de mes ennemis. Viens, ma femme, embrasse mon père, et que ton sein force sa bouche à y puiser la vie. » En achevant ces mots, il prend sa femme dans ses bras ; et l'ayant fait pencher sur le lit de Las-Casas : « Adieu, mon père, lui dit-il. Je laisse auprès de toi la moitié de moi-même, et je ne veux la revoir que lorsqu'elle t'aura rendu à la vie et à notre amour. »

Cette jeune et belle Indienne, à genoux devant Las - Casas, lui dit à son tour : « Que crains - tu, homme de paix et de douceur ? Ne suis-je pas ta fille ? n'es-tu pas notre père ? Mon bien - aimé me l'a tant dit! Il donnerait pour toi son sang. Moi, je t'offre mon lait. Daigne puiser la vie dans ce sein que tu as fait tressaillir tant de fois, lorsqu'on me racontait les prodiges de ta bonté. »

Trop attendri pour rejeter une prière si touchante, trop vertueux pour rougir d'y céder, le solitaire, avec la même innocence que le bienfait lui était offert, le reçut; il permit à la jeune Indienne de ne plus s'éloigner de lui; et ce fut à la piété de Henri et de sa compagne, que la terre dut le bonheur de posséder encore longtemps cet homme juste.

« Ange tutélaire de ce Nouveau-Monde, lui dit Pizarre, que vous êtes heureux d'y régner ainsi sur les cœurs ! D'autres auront subjugué l'Inde ; mais vous seul vous l'aurez soumise par l'ascendant de la vertu. »

L'attendrissement du jeune Davila le fit remarquer de Pizarre ; et Las-Casas le lui nomma. « Fils d'un père trop ennemi des Indiens, lui dit Pizarre, vous voyez des exemples bien différents du sien ! » Il lui apprit que l'empereur le lui avait recommandé, et qu'il était destiné

à le suivre. Mais Gonzalve, dans ce moment,
ne pouvait se résoudre à se séparer de Las-Casas.

« Mon ami, lui dit le solitaire, votre devoir
est d'obéir. J'aimerais mieux vous voir obscur que
de vous savoir coupable. Mais la confiance que
Pizarre m'inspire adoucit mes regrets et modère
mes craintes. Je vous conseille de le suivre, et
vous invite à l'imiter. Venez me voir encore demain : j'écrirai à mon cher Alonzo ; je vous
chargerai de ma lettre ; et si Pizarre peut savoir
où ce bon jeune homme respire, il la lui fera
parvenir. »

En écrivant cette lettre fatale, qui lui eût dit
qu'il allait signer la ruine des Indiens ?

CHAPITRE XLIV.

IMPATIENT de se rendre sur l'isthme, Pizarre, au premier souffle d'un vent favorable, mit à la voile, et partit de l'île Espagnole. Son arrivée à Panama rendit l'espérance et la joie à ses amis. On s'empressa de lui armer une flotte ; et, dès qu'elle fut équipée, il s'embarqua, avec la résolution d'aller descendre aux bords qu'il avait reconnus. Mais il fut forcé par les vents d'aborder au port de Coaque, non loin du promontoire de Palmar ; et de là, pour ne plus dépendre de l'inconstance des flots, il marcha le long du rivage, ayant commandé à sa flotte de le joindre au port de Tumbès.

Des sables, des vallons remplis de bois hérissés et touffus dont la ronce et le manglier font un tissu impénétrable, des torrents, des fleuves rapides, un air embrasé, les horreurs d'une solitude profonde, tout ce que la nature a de plus effrayant s'oppose à son passage, et ne peut arrêter ses pas. Il marche sous un ciel de feu, il foule une terre brûlante. Ses compagnons, qu'il encourage au nom de la gloire et de l'or, s'enfoncent avec lui dans ces bois où jamais les serpents venimeux dont ils étaient jonchés n'avaient vu les traces de l'homme. Il s'élance dans les torrents, il enseigne à ses compagnons à les traverser à la nage : et ceux que le danger rebute, ou que les forces abandonnent, il les anime, il les soutient, il les dispute aux flots qui les entraînent ; et, luttant d'une main, les soulevant de l'autre, il les amène au bord. Intrépide et infatigable, il s'avance : il découvre enfin des champs cultivés, des cabanes, des hameaux peuplés d'Indiens ; et la terreur qu'il y répand fait bientôt passer à Quito la nouvelle de son retour. Mais le cruel état des choses, dans le royaume des Incas, n'avait pas permis de veiller à la défense des vallées.

Huascar était captif dans les murs de Cannare ; mais l'un de ses frères, Mango, réfugié dans les détroits des montagnes de l'orient avec les restes

de sa famille et les débris de son armée, méditait le hardi dessein de rentrer dans Cusco et
d'en chasser Palmore. Il voyait même tous les
jours son camp se grossir de nouveaux transfuges,
qu'effrayait la domination de l'usurpateur de l'empire et de l'oppresseur de leur roi.

Tels, lorsqu'un vaste incendie se répand dans
une forêt, les animaux qui l'habitaient, chassés de
leur retraite par la rapidité des flammes, que
pousse un vent impétueux, se retirent, en mugis-
sant, sur des rochers inaccessibles ; et de là,
fixant un œil morne sur la forêt que le feu dévore,
ils semblent murmurer entre eux leur épouvante
et leur douleur.

Bientôt l'intrépide Mango descend, à la tête
des siens, des montagnes de l'orient. La renommée, qui le précède, a semé le bruit de sa marche. Le courage, dans tous les cœurs, se ranime
avec l'espérance ; dans Cusco, le peuple commence
à s'émouvoir, et le bruit sourd et menaçant de la
révolte se fait entendre.

Au signal d'un soulèvement et à l'approche
d'une armée, Palmore abandonne la ville. Il fait

pourvoir abondamment la citadelle qui la domine (1), et s'y enferme avec les siens.

Maugo trouve la ville ouverte : il y entre comme en triomphe ; et, fier d'une nombreuse armée qu'il fait camper autour des murs, il envoie à la citadelle sommer Palmore de se rendre. Celui-ci répond que la paix, ou la mort, le désarmera. On le presse, on lui fait entendre que tout l'empire est soulevé, qu'Ataliba est perdu sans ressource, et que lui-même il n'a d'espoir qu'en la clémence de Maugo. « Je ne sais point ce qui se passe hors des remparts que je défends, répond ce généreux guerrier. Ataliba est homme, il peut éprouver des revers ; mais, puisqu'il lui reste avec moi deux mille sujets fidèles, il n'a pas tout perdu. S'il n'était plus lui-même, peut-être alors prendrais-je conseil de la nécessité : mais tant qu'il est vivant, je ne dépends que de lui seul ; et je laisse Maugo exercer sa clémence sur des malheureux, s'il en est d'assez lâches pour l'implorer. »

____

(1) Tupac Yupangué, dixième Inca, avait fait construire cette citadelle avec les matériaux amassés par son père Yupangué.

Cependant, comme il s'aperçut que quelques-uns des siens étaient troublés de ces menaces : « Quand il serait vrai, leur dit-il, qu'Ataliba fût malheureux, lui en serions-nous moins fidèles ? Ressemblerions-nous aux oiseaux qui s'envolent d'un arbre, dès qu'il est ébranlé par quelque tourbillon rapide ? L'arbre est courbé ; il se relèvera : laissons passer l'orage. » Alors, choisissant parmi eux un messager intelligent et sûr : Cherche Ataliba, lui dit-il ; apprends-lui que la forteresse de Cusco est à nous encore ; que c'est moi qui la garde, et que j'ai avec moi deux mille hommes déterminés à verser pour lui tout leur sang. Voilà, dit-il en se tournant vers ses soldats qui l'écoutaient, voilà comme il faut que l'on parle à ses amis dans le malheur ; et le meilleur ami d'un bon peuple, c'est un bon roi. »

Sur les premiers avis qu'on avait reçus du soulèvement de Cusco, le roi de Quito s'avançait au secours de Palmore ; et Alonzo avait voulu le suivre, malgré les larmes de Cora. Ils avaient passé les plaines de Loxa, vu les sources de l'Amazone : et du haut des monts qui dominent le fleuve Abancaï, ils découvraient les campagnes que ce beau fleuve arrose, quand le messager de Palmore vint au-devant d'Ataliba, l'avertit que Mango venait à lui, que Palmore, avec deux mille hommes, gardait encore la citadelle, et que le chef et les soldats lui étaient dévoués. Molina l'entendit, et dans le moment même il prit sa résolution. « Laisse-moi, dit-il à l'Inca, te choisir, non loin de ce fleuve, un camp facile à retrancher, où ton armée se repose; et profitons de l'avantage que le sort nous a ménagé. » Il fit donc avancer l'armée sur le coteau qui dominait la plaine, lui traça lui-même son camp; et vers la nuit il appela le messager de Palmore, l'instruisit, et le renvoya.

Mango passe l'Abancaï, s'avance; et voyant l'ennemi retranché dans son camp, l'insulte et l'appelle au combat.

Ataliba, vivement offensé, s'indignait de ne pas sortir; il se croyait couvert de honte, et s'en plaignait à son ami. « Ne vois-tu pas, lui dit Alonzo, que ces désirs et ces menaces n'annoncent dans tes ennemis qu'imprudence et légèreté?

Laisse venir le jour que j'ai marqué pour leur défaite; alors nous répondrons en hommes à ces témérités d'enfants. »

Deux jours après, l'aurore ayant éclairé l'horizon, le roi de Quito vit paraître, au-delà du camp ennemi, sur une colline opposée, le drapeau flottant de Palmore. « Voici le moment, prince, dit le jeune Espagnol; et si Palmore fait son devoir, l'empire est à toi sans partage. » Il dit; et, le signal donné, l'armée abandonne son camp, et va se ranger dans la plaine.

Alonzo se réserve deux mille combattants armés de haches et de massues, pour charger lui-même à leur tête. C'est la troupe de Capana; et ce cacique anime ses sauvages à mériter l'honneur de combattre sous Alonzo. Cependant la flèche et la fronde engagent le combat. On s'approche; et bientôt une horrible mêlée confond les coups, et fait couler ensemble des flots du sang des deux partis.

Alors, du haut de l'éminence où Palmore s'est reposé, il fond sur l'armée ennemie; et, d'une ardeur égale, l'impétueux Alonzo marche à la tête du corps terrible qu'il réservait pour ce moment.

Entre ces deux attaques soudaines et rapides, Mango, surpris, épouvanté, dissimule en vain son effroi. Le trouble a gagné son armée. Tout se disperse, tout s'enfuit. La légion des Incas résiste seule et se tient immobile, comme un rocher au milieu des vagues qui le couvrent de leur écume. En vain ses pertes l'affaiblissent, en vain elle se voit accabler sous le nombre : trois fois on l'invite à se rendre ; trois fois, avec un fier mépris, elle rejette son salut. Sa résistance, et le carnage qu'elle fait en se défendant, achèvent d'étouffer un reste de compassion dans les bataillons qui la pressent. Elle succombe enfin : aucun de ses guerriers ne quitte son rang ; ils périssent dans la place où ils combattaient ; et ce qui reste des vaincus, cherchant leur salut dans la fuite, laissent sur le champ de bataille Ataliba, vainqueur et consterné, parcourir ces plaines de sang, et se reprocher sa victoire. Hélas ! cette victoire, qui lui arrachait des larmes, était pour lui le terme de la prospérité, et comme le dernier sourire, le sourire cruel et traître de la fortune qui l'abandonnait.

13.

Ce même jour, ce jour funeste vit arriver Pizarre sur la rive du fleuve qui baigne les champs de Tumbès.

CHAPITRE XLV.

Vers l'embouchure de ce fleuve est une île sauvage (1), où Pizarre avait résolu de se ménager
un refuge. Il y passa sur des canots; car il avait
devancé sa flotte. Mais cette île était la demeure
d'un peuple indomptable et féroce. Pizarre, dé-
daignant de perdre, à réduire ce peuple, un
temps qui lui était précieux, n'attendit que sa
flotte, pour revenir camper sur le rivage et devant
le fort de Tumbès.

Dans ce fort étaient enfermés mille Indiens détachés de l'armée d'Ataliba. Orozimbo était à leur
tête. Sous lui commandait Télasco. La belle et
tendre Amazili, l'arc à la main, le carquois sur
l'épaule, telle et plus fière en son maintien et
plus légère dans sa course qu'on ne peint Diane

____

(1) L'île de Puna.

elle-même, avait suivi son frère et son amant, digne, par son courage, de partager leur gloire.

Pizarre se souvint du peuple de Tumbès, de l'accueil plein d'humanité (1), de candeur et de bienveillance, qu'il en avait reçu ; il résolut de bonne foi d'achever de gagner l'estime et l'amitié de ce bon peuple. Il assembla donc ses guerriers, et leur tint ce discours :

« Castillans, je vous ai promis des richesses et de la gloire. De ces deux biens, l'un vous est assuré, l'autre dépend de vous. Ceux de vous qui veulent de l'or, s'en retourneront chargés d'or ; je vous en suis garant : ne vous abaissez pas jusqu'au soin vil d'en amasser. Pour la gloire, c'est autre chose : une haute entreprise la promet, ne l'assure pas. Celui-là seul l'obtient, qui la mérite : jamais

---

(1) L'histoire attribue ici au peuple de Tumbès une trahison sans vraisemblance. *Il immola*, dit-on, *à ses idoles trois Espagnols qui s'étaient confiés à lui.* Le peuple de Tumbès n'avait plus d'idoles : il n'adorait que le soleil ; et on ne faisait point au soleil des sacrifices de sang humain. Cette absurde imputation est encore plus démentie par les mœurs de ce peuple, par sa candeur et sa bonté.

le crime ne la donne. Les conquérants de l'Amérique ont fait tout ce qu'on peut attendre de l'audace et de la valeur. Ils ne seront pourtant jamais qu'au nombre des brigands insignes. L'homme étonnant à qui l'Espagne a dû le nouveau-Monde, Colomb s'est dégradé par une trahison ; Cortès, par une perfidie plus noire et plus infame encore ; et c'est lui qu'ont flétri les fers dont il a chargé Montezume. Le reste s'est déshonoré par les plus indignes excès. Il dépend de nous, mes amis, d'en partager l'opprobre, ou de nous en laver, nous et notre patrie, par une conduite opposée : nous en avons encore le choix. Il s'agit de ranger sous la puissance de l'Espagne la plus riche moitié de ce Nouveau-Monde ; et il en est deux moyens, la douceur et la violence. La violence est inutile ; et chez des nations guerrières, où nous sommes en petit nombre, elle serait aussi dangereuse qu'injuste. Le danger n'est rien, je le sais : mais la gloire, la gloire est tout ; et quand nous aurions opprimé, dévasté, changé ces contrées en des déserts sanglants, en de vastes tombeaux, oserions-nous repasser les mers, chargés de trésors et de crimes, et poursuivis par les remords ? Les malédictions d'un monde, les reproches de l'autre, la colère du ciel, enfin les cris de la nature et de l'humanité, tout cela fait horreur. Ni les grandeurs, ni les richesses ne consolent d'être odieux : c'est un courage qui me manque ; vous ne l'avez pas plus que moi. Faisons-nous des prospérités dont nous n'ayons point à rougir, ou un malheur qui nous honore. Rien n'est si beau que ce qui est juste, rien n'est si juste sur la terre que l'empire de la vertu. Tâchons de dominer par elle. Quelle conquête, mes amis, que celle qui n'aurait coûté ni larmes ni sang ! Quel triomphe que celui qui ne serait dû qu'au pouvoir des bienfaits ! La reconnaissance et l'amour nous livreraient tous les biens de ces peuples : pour les vaincre et les captiver, nos armes seraient inutiles ; et c'est alors qu'elles seraient dignes d'orner les temples de ce dieu que nous venons faire adorer. »

Toute la jeunesse applaudit ; mais ceux des guerriers castillans qui avaient servi sous Davila, et dont les mains s'étaient déjà trempées dans le sang des peuples de l'isthme, tirèrent un mauvais présage de ce qu'ils appelaient mollesse dans leur général. Vincent de Valverde, sur-tout, ce prêtre ardent et fanatique, fut indigné de reconnaître dans le langage de Pizarre les sentiments de Las-Casas; et fronçant un sourcil atroce: « Ils fléchiront, disait-il en lui-même, ils fléchiront sous le joug de la foi, ou ils seront exterminés. »

Sans écouter cet odieux murmure, Pizarre marcha vers Tumbès, et fit demander au cacique de le recevoir en ami. Mais le cacique, enfermé dans sa ville, répondit qu'elle dépendait d'Ataliba, roi de Quito, qui l'avait prise sous sa garde; et que le fort la protégeait.

Il fallait attaquer ce fort. Pizarre s'approche; il l'observe; et quel est son étonnement, lorsqu'à cette enceinte, à ces angles, à ces murs de gazon, faits pour être à l'épreuve de ses plus foudroyantes armes, il reconnaît l'art des Européens! « C'est Molina, c'est lui qui enseigne aux Indiens à se retrancher devant nous, dit Pizarre : il a fait construire ces remparts; peut-être il les défend lui-même. » Impatient de s'en instruire, il demande à parler au commandant du fort; et Orozimbo se présente. « Espagnol, je suis Mexicain, je suis neveu de Montezume. Juge si je dois te connaître, si je puis me fier à toi. C'est ici mon dernier asyle ; ce sera mon tombeau, si ce n'est pas le tien. »

Des Mexicains dans le fort de Tumbès ! Rien n'était plus inconcevable : Pizarre ne pouvait le croire. Cependant il fallut céder aux instances des Castillans. Indignés d'une résistance qu'ils regardaient comme une insulte, ils murmuraient, ils demandaient l'assaut. Pizarre le promit. Mais afin qu'il fût moins sanglant, il voulut agir de surprise, et à la faveur de la nuit. On se plaignit de sa prudence ; elle faisait injure à ceux qu'elle paraissait ménager : ses guerriers, ses soldats eux-mêmes se seraient crus déshonorés par ces précautions timides ; ce n'était pas devant ces troupeaux d'Indiens qu'il fallait craindre le grand jour, si favorable à la valeur. Le héros gémit, et céda.

L'attaque fut vive et rapide. Les foudres de l'Europe volaient sur les remparts ; les Indiens épouvantés n'osaient paraître ; et la fascine amoncelée allait aplanir le fossé. Orozimbo, qui voit la terreur dont tous les esprits sont frappés, les ranime et les encourage. « Eh quoi ! mes amis, leur dit-il, qu'a donc ce bruit qui vous effraie ? Est-ce le bruit qui tue ? et faut-il tant d'efforts pour rompre le fil de la vie ? Ces bouches brûlantes sans doute vomissent la mort : mais la mort est aussi au bout d'une flèche ; et l'arc, dans la main d'un brave homme, est terrible comme le feu. Chacun de vous n'a qu'une mort à craindre, et il en a mille à donner : vos carquois en sont pleins. Paraissez donc, et repoussez une troupe d'hommes hardis, mais faibles, vulnérables et mortels comme vous. »

Il dit, et à l'instant une grêle de traits répond au feu des Castillans. L'approche du fossé, la route du soldat qui vient y jeter sa fascine, commence à être périlleuse. Plus d'une flèche, mais sur-tout celles des Mexicains, se trempent dans le sang. Un œil vengeur les guide, et choisit ses victimes. Pennates, Mendès et Salcédo se retirent blessés ; l'intrépide Lerma entend siffler à travers son panache le trait qui lui était destiné. Le vaillant Péralte s'étonne de voir une flèche rapide percer son épais bouclier, et venir effleurer son sein. Le bras nerveux de Télasco l'avait lancée; mais l'airain l'émoussa : elle tomba sans force aux pieds. du superbe Espagnol.

Bénalcasar, qui devait être l'un des fléaux de ces contrées, du haut de son coursier fougueux, pressait les travaux des soldats. Une flèche, qui part de la main d'Orozimbo, atteint le coursier dans le flanc. L'animal indompté se dresse, frappe l'air de ses pieds, se renverse, et sous lui foule son guide étendu sur le sable. Orozimbo, qui le voit tomber, en pousse un cri de joie. « Ombres de Montezume et de Guatimozin ! ombre de mon père ! dit-il, ombres de mes amis ! recevez ce tribut, ce faible tribut de vengeance. Je ne mourrai donc pas sans avoir fait vomir le sang et l'âme à l'un de nos tyrans ! » Il se trompait : la molle arène céda sous le poids du coursier; le Castillan y fut enseveli, mais se releva de sa chûte, plus furieux, plus implacable, plus altéré du sang des Indiens.

Le plomb mortel, qui portait sur les murs de

plus inévitables coups, ne vengeait que trop bien Pizarre, mais ne le consolait pas. Pour lui la plus légère perte était funeste. Il s'affligeait sur-tout de voir les Indiens s'aguerrir et s'accoutumer à ce bruit, à ce feu des armes, qui par-tout avait répandu tant d'effroi dans ce Nouveau-Monde. Il fallait, ou les rendre encore plus intrépides, en cédant à leur résistance, ou faire tout dépendre du hasard d'un moment. Le fossé, dans sa profondeur, était comblé de l'un à l'autre bord, et l'escalade était possible. Pizarre s'y résout, et l'ordonne. A l'instant le feu redouble et la protége.

Orozimbo ne perd point courage. Il défend à ses Indiens de s'exposer au feu : « Imitez-nous, dit-il : Télasco, mes amis et moi, nous allons vous donner l'exemple. » Il eut seulement soin d'écarter du lieu de l'assaut sa sœur, qui lui tendait les bras, et le conjurait par ses larmes de la souffrir auprès de lui.

Alors, s'armant de haches et de lourdes massues, ils attendent, tête baissée, les plus hardis des assaillants.

Il en parut trois à-la-fois, Moscose, Alvare, et Fernand, le jeune frère de Pizarre. Ils s'élèvent, tenant le glaive d'une main, le bouclier de l'autre, et portant dans les yeux un courage déterminé.

Télasco s'adresse à Moscose, et, d'un coup de massue lui brisant sur la tête l'écu qui lui sert de défense, le renverse du haut des murs. Il tombe comme foudroyé sur ses soldats qui allaient le suivre, et roule sur leurs boucliers.

Fernand Pizarre va s'élancer de l'échelle sur le rempart ; mais, encore chancelant sur un appui fragile, il ne peut ni parer ni porter des coups assurés. Orozimbo, l'ayant saisi au bras dont il tenait le glaive, le désarme et l'entraîne à lui. Il se débat ; mais il est terrassé. Son vainqueur lui laisse la vie ; et le soldat qui prend sa place reçoit pour lui le coup mortel.

Alvare, dans l'instant qu'il s'attache au bord du mur pour le franchir, sent tomber sur son casque la hache meurtrière ; et le coup, en glissant, le blesse au bras qui lui servait d'appui. Il est précipité sanglant ; et ses soldats, voyant son leur tête la massue levée pour les frapper, n'osent s'exposer après lui à une mort inévitable.

Pizarre croit avoir perdu le plus tendre, le plus aimable, le plus vertueux de ses frères; mais il dévore sa douleur. Il voit la consternation de ceux qu'il a trop écoutés; et, sans y ajouter le reproche, il fait interrompre l'assaut.

Le premier soin d'Orozimbo, après que l'ennemi se fut retiré dans son camp, fut de faire réduire en cendres ce vaste monceau de fascines dont on avait comblé le fossé du rempart; et, tandis que des tourbillons de fumée et de flammes s'élevaient au-dessus des murs : « Viens, dit-il au jeune Pizarre, et vois ce bûcher allumé. Quand je t'y jetterais vivant, quand j'y ferais brûler avec toi tous tes compagnons, et avec eux leurs pères, leurs enfants, et leurs femmes, je ne vous rendrais pas les maux que ta nation nous a faits.... Va-t'en, va dire à ces barbares que les neveux de Montezume, ayant à leurs pieds un brasier, et dans leurs mains un Castillan... Va-t'en, te dis-je, et ne tarde pas; car je crois entendre les plaintes de l'ombre de Guatimozin. »

Fernand Pizarre s'en allait, le cœur flétri, l'ame abattue, n'osant s'avouer à lui-même qu'il respirait par la clémence d'un Indien, d'un Indien neveu de Montezume! Dans la plaine qui séparait le camp des Espagnols du fort de Tumbès, il rencontre un vieillard étendu sur le sable et baigné dans son sang. Ce vieillard respirait encore ; et, tendant les bras au jeune homme, il l'appelait à son secours. Pizarre approche. L'Indien lève sur lui un œil mourant, lui montre son flanc déchiré, et fait un signe vers le rivage, un autre signe vers le ciel, comme pour indiquer le crime et le vengeur.

Le guerrier attendri lui donne tous les soins de l'humanité : il étanche le sang de sa blessure ; et, l'aidant à se soulever et à se soutenir, il paraît vouloir le mener au camp. Le vieillard, frissonnant d'horreur, le conjurait, en lui baisant les mains, de prendre une route opposée. « Non, disait-il ; c'est de ce côté-là qu'ils sont allés. — Qui donc ? lui demanda Pizarre. — Les meurtriers, dit le vieillard. Ils étaient vêtus comme toi ; ils te ressemblaient.... Non, pardonne, je ne veux pas te faire injure ; tu es aussi bon qu'ils sont méchants. Ils venaient du fort, ils allaient vers le rivage de la mer ; et moi, je traversais la plaine, je ne leur faisais aucun mal. L'un d'eux m'a regardé d'un œil menaçant et farouche. Je tremblais ; je l'ai salué pour l'adoucir ; et lui, tirant son glaive, il me l'a plongé dans le flanc. »

« Ah les barbares ! s'écria le jeune homme saisi d'horreur. Et moi, et moi, dans le moment qu'ils t'assassinaient !... » Il n'en put dire davantage, les sanglots lui étouffaient la voix. Il embrasse, il baigne de pleurs le vieillard Indien. « Ah ! si tu savais, reprit-il, combien je déteste leur crime ! combien je le dois abhorrer ! Bon vieillard, tes jours me sont chers : je ne t'abandonnerai pas. Dis-moi, où faut-il te conduire ? — A ce village que tu vois, dit l'Indien. C'est là que mes enfants m'attendent. Au nom de ton père, aide-moi à me traîner vers ma cabane : je ne demande au ciel que de voir encore une fois mes enfants, et de mourir entre leurs bras. » Il n'eut pas même cette joie. A quelques pas de là, ses genoux s'affaiblirent ; il sentit son corps défaillir ; et se laissant tomber dans

le sein de Pizarre, il fixa ses yeux sur les siens,
lui serra la main tendrement, regarda le ciel; et,
tournant sa vue attendrie et mourante vers son
village, il expira.

Fernand, accablé de tristesse, retourne au camp
des Espagnols. Le conseil était assemblé dans la
tente du général; et quel fut le ravissement de ce
héros, en revoyant son frère, un frère tendrement
chéri, qu'il croyait perdu pour jamais! Il se lève,
il l'embrasse. Les deux autres guerriers du même
sang témoignent les mêmes transports; et tout le
conseil s'intéresse à leur joie et à son retour. On
l'interroge. Il dit ce qu'il a vu, et la valeur des
Mexicains, et la clémence de leur chef, et la rencontre du vieillard. Son ame se répand dans ce récit qui la soulage; son attendrissement s'exprime
par des larmes, et il en fait couler. « O mon frère!
dit-il enfin en s'adressant au général, c'est nous
qui apprenons aux sauvages à être cruels et perfides; et ils ne peuvent nous apprendre à être
bons et généreux! Quelle honte pour nous! Je
demande vengeance du meurtre de cet Indien; je
la demande au nom du ciel et au nom de l'huma-

nité. Découvrez quel est parmi nous l'homme assez lâche, assez féroce, pour avoir plongé son épée dans le sein d'un homme paisible, d'un faible et timide vieillard. »

Il y avait, dans ce conseil, des hommes durs, qui, en souriant, disaient tout bas que le jeune Pizarre mettait un grand prix à la vie, puisqu'en daignant la lui laisser on l'avait si fort attendri. Il s'aperçut de ce sourire, et il en était indigné; mais le général, imposant à son impatience, lui dit de prendre place dans l'assemblée.

Le grand intérêt des Castillans était de ménager leurs forces. Ils étaient en trop petit nombre pour hasarder encore de s'affaiblir par un nouvel assaut. il fallait donc, ou laisser en arrière la ville et le fort de Tumbès, ou chercher une plage d'un abord plus facile, ou réduire, par un long siége, les défenseurs de celle-ci aux plus dures extrémités.

Le parti de former le siége parut le plus sage et le plus glorieux : il réunit toutes les voix. Le général lui seul, recueilli en lui-même, et profondément occupé, semblait encore irrésolu. Sa tête, long-temps appuyée sur ses deux mains, se

relève avec majesté, et des yeux parcourant lente-
ment l'assemblée : « Castillans, dit-il, j'ai voulu
vous donner, par ma déférence, une marque de
mon estime. J'ai permis l'attaque du fort ; l'événement a démontré l'imprudence de l'entreprise.
Vous voulez assiéger ces murs, vous le voulez, et
j'y consens encore. Mais chez des peuples qui,
sans nous, et loin de nous, vivaient paisibles, sur
des bords où, quoi qu'on en dise, nous portons
une guerre injuste, ne vous attendez pas que je
fasse éprouver à une ville entière les dernières extrémités de la disette et de la faim. Je veux bien
les leur faire craindre ; mais si ce peuple a le courage de les attendre, je n'aurai pas la barbarie de
les lui laisser endurer. Lorsque, dans un combat,
je risque et je défends mes jours et ceux de mes
amis, le danger auquel je m'expose compense le
mal que je fais ; et je puis me le pardonner. Mais,
sans péril, être inhumain ! mais voir languir devant ses yeux une multitude affamée, l'enfant sur
le sein de sa mère, le vieillard dans les bras de
son fils expirant ! les voir se déchirer, les voir se
dévorer entre eux, dans les accès de la douleur,

de la rage, et du désespoir! Je ne m'y résoudrai
jamais; je vous en avertis. Jusque-là je ferai tout
ce que la guerre autorise. »

CHAPITRE XLVI.

Ce que Pizarre avait prévu ne tarda point à arriver. Le trésor des moissons était déposé dans les villages ; la disette fut dans les murs. Il fallait, pour faciliter les secours du dehors, attaquer et forcer les lignes. Orozimbo voulut commander ces sorties ; et ni sa sœur ni son ami ne voulurent l'abandonner.

Les Espagnols, trop affaiblis par l'étendue de leur enceinte, surpris, attaqués dans la nuit, avaient d'abord cédé au nombre. La première sortie avait, pour quelques jours, rendu la vie aux assiégés ; mais la seconde fut fatale aux héros mexicains : l'un et l'autre y perdirent ce qu'ils avaient de plus cher au monde.

L'attaque avait été si vive, que, les lignes forcées, le secours introduit, les Indiens se retiraient sans être poursuivis. Ce fut dans ce moment qu'Amazili crut voir, à l'incertaine clarté de l'astre de la nuit, un jeune Indien se débattre entre deux soldats espagnols. Ils l'avaient pris; ils l'entraînaient. Télasco n'est pas avec elle, et ce jeune homme lui ressemble. Elle approche. C'est lui. Éperdue, elle crie au secours; on ne l'entend point. Il n'a qu'elle pour sa défense. Il faut le sauver ou périr. Elle tend son arc. Mais va-t-elle percer le sein d'un ennemi? percer le cœur de son amant? Son œil est sûr, mais sa main tremble; et la crainte ajoute au danger. Deux fois elle vise, et deux fois son amant se présente devant la flèche qui va partir. Un frisson mortel la saisit; ses genoux chancelants fléchissent; son arc va lui tomber des mains; il ne lui reste plus que la force de le détendre. La nature et l'amour font pour elle un de ces efforts réservés aux périls extrêmes. Elle saisit l'instant où l'un des deux Espagnols sert de bouclier au Mexicain; le trait part; le soldat blessé tombe; le bras de Télasco, le bras qui tient la hache est dégagé; l'autre ennemi en éprouve l'effort terrible; et, délivré comme par un prodige, Télasco va rejoindre ses compagnons qui rentrent dans les murs.... Que fais-tu, malheureux ? Tu laisses ton amante au pouvoir de tes ennemis.

A peine la flèche est partie, à peine Amazili a pu voir son amant se dégager et s'enfuir, elle n'a plus la force de le suivre. Cette frayeur de réflexion qui suit les grands périls et qui reste dans l'ame lorsque le péril est passé, s'est emparée de son cœur épuisé de courage, et l'a saisie si violemment, qu'une défaillance mortelle l'a fait tomber évanouie. Elle ne se ranime, elle n'ouvre les yeux que pour se voir environnée de soldats castillans que le bruit de l'attaque a fait accourir dans ce lieu. Ils la trouvent sans mouvement; ils en sont émus; ils s'empressent de la rappeler à la vie. Sa beauté, en se ranimant, leur imprime un tendre respect. Cœurs féroces! du moins la beauté vous désarme; c'est un droit que sur vous encore la nature n'a point perdu.

Le jeune et valeureux Mendoce, monté sur un coursier superbe, rencontre, au milieu des soldats, cette jeune guerrière; il en est ébloui. Le panache de plumes dont elle est couronnée, son carquois d'or suspendu à une chaîne d'émeraudes, riche présent d'Ataliba, le tissu dont sa taille est ceinte, et qui presse au-dessus des flancs les plis de sa robe flottante, mais sur-tout la noble fierté de son air et de son maintien la trahit, et annonce une illustre origine.

« Jeune beauté, lui dit Mendoce, quel malheur, ou quelle imprudence vous fait tomber entre nos mains ? — La vengeance et l'amour, dit-elle, les deux passions de mon cœur. — Êtes-vous la fille, ou l'épouse du roi de Tumbès ? — Non, dit-elle : je suis née en d'autres climats. Ces murs ont été mon refuge. La liberté, qui m'est ravie, était mon unique bien. — Il vous sera rendu, lui dit Mendoce ; daignez vous confier à moi ; » et, l'ayant fait asseoir sur la croupe de son coursier, il la mène au camp de Pizarre.

Le jour répandait sa lumière ; et Pizarre, au milieu du camp, se faisait instruire des événemens de la nuit. Mendoce arrive, et lui présente la jeune Indienne captive. Le héros la reçoit avec cette bonté noble, modeste, et consolante, qu'on doit à l'infortune, et que l'on a toujours pour la faiblesse et l'innocence, protégées par la beauté.

Mais le malheur qui poursuivait Amazili, voulut qu'elle fût reconnue par le jeune Fernand Pizarre, qu'elle avait vu dans le fort de Tumbès. « Ah! mon frère, s'écria-t-il, c'est elle-même, c'est la sœur de ce vaillant cacique, de ce généreux Mexicain qui m'a sauvé la vie et m'a rendu la liberté. Acquittez-moi, je vous conjure. » Pizarre allait la renvoyer, mais le plus grand nombre des Espagnols en firent éclater leurs plaintes. Était-ce avec des Mexicains qu'il fallait se piquer de frivoles égards et de ménagements timides ? Un Espagnol espérait-il s'en faire des amis ? Il avait dans ses mains le sûr moyen, le seul peut-être de les obliger à se rendre ; et il le laissait échapper ! Aimait-il mieux voir deux cents hommes qui s'étaient confiés à lui, manquant de tout sur ce rivage, et n'ayant pas même un asyle, périr autour de ces remparts, ou de fatigue, ou de misère, ou par les flèches des sauvages ? Voulait-il les sacrifier ?

Le général eût méprisé ces plaintes, si l'échange des deux captifs ne l'eût pas touché de si près. Mais un intérêt personnel eût rendu odieux ce qui n'était que juste ; et il voulut se mettre au-dessus du soupçon. Il fit donc appeler Valverde, le seul homme, qui, par état, pût être chargé décemment de la garde de sa captive ; il la lui confia, et lui remit le soin de la mener sur le vaisseau. Le même jour il fit savoir au commandant du fort, que sa sœur était prisonnière ; qu'il lui avait donné son vaisseau pour asyle ; que tous les égards, tous les soins qui pouvaient adoucir le sort d'une captive, il les aurait pour elle ; mais qu'un devoir encore plus saint que la reconnaissance lui défendait de la lui rendre, à moins que, renonçant lui-même à une résistance inutilement obstinée, il ne le reçût dans le fort.

Dès que les héros mexicains s'étaient aperçus de l'absence d'Amazili, ils en avaient poussé des cris de douleur et de rage. Ils la cherchaient des yeux ; ils l'appelaient ; ils parcouraient toute l'enceinte du rempart qui les séparait d'elle, prêts à s'élancer à travers mille morts, s'ils avaient entendu ses cris. L'un d'eux, et c'était son amant, osa même sortir du fort, et la chercher dans la campagne. Enfin désespérés, et la croyant perdue, ils la pleuraient ensemble, lorsque l'envoyé de Pizarre leur annonça qu'elle vivait. Leur premier mouvement fut donné à la joie; mais cette joie était trompeuse : la douleur la suivit de près.

Amazili dans l'esclavage et au pouvoir des Espagnols, sans qu'il fût possible de la délivrer, à moins de leur rendre les armes! C'était un genre de malheur aussi cruel que celui de sa mort. Mais l'indignation, dans le cœur d'Orozimbo, ayant ranimé le courage, il répondit avec fierté que sa sœur lui était bien chère, mais que pour elle il ne trahirait pas un roi, son bienfaiteur, son hôte, et son ami; qu'il rendait grace au chef des Castillans, des ménagements qu'il avait pour une princesse captive; mais qu'en lui renvoyant son frère, il croyait lui avoir donné un exemple plus généreux.

Lorsque Pizarre entendit la réponse d'Orozimbo, il regarda d'un œil sévère les Castillans qui l'entouraient. « Voyez-vous, leur dit-il, combien ces hommes-là sont au-dessus de nous, et combien, auprès d'eux, nous sommes vils, méchants, et lâches? Apprenons à rougir, et à les imiter. » Dès ce moment, il résolut de renvoyer Amazili, et de charger Fernand lui-même de la ramener à son frère. Le jour baissait; il crut pouvoir différer jusqu'au lendemain,

Cependant le fourbe hypocrite à qui elle était confiée, l'ayant menée sur le vaisseau, et s'y voyant seul avec elle, sentit s'allumer dans ses veines le plus noir poison de l'amour. Il s'approche d'elle, et d'abord il feint de vouloir la consoler. « Ma fille, lui dit-il, modérez vos douleurs. Le ciel veille sur vous; et l'asyle qu'il vous procure, le gardien qu'il vous choisit, sont des signes de sa bonté. Sous cet habit simple et modeste, savez-vous qui je suis, et tout ce que je puis pour vous? Je n'ai point d'armes, mais je commande à ceux qui sont armés. Je n'ai qu'à leur dire de verser le sang, le sang sera versé. Je n'ai qu'à dire au glaive de s'arrêter, et le glaive s'arrêtera. Les peuples, les armées, les rois eux-mêmes, tout est soumis à mes pareils; et nous dominons sur les hommes, comme sur de faibles enfants. »

Amazili, qui se souvenait des prêtres du Mexique, comprit que Valverde exerçait ce ministère redoutable. « Vous êtes donc, lui dit-elle, un des interprètes des dieux? — Des dieux! reprit Valverde; sachez qu'il n'en est qu'un : c'est celui que je sers. Tout tremble devant lui ; et il m'a remis sa puissance. Mon esprit est le sien ; ma voix est son organe ; je parle, et c'est lui qu'on entend; c'est sa volonté que j'annonce; et sa volonté change quand et comme il me plait : car il m'écoute; ma prière l'irrite, ou l'apaise à mon gré. »

« Veuillez-donc, lui dit-elle, que votre Dieu soit juste, et qu'il cesse enfin de poursuivre des malheureux, qui, ne l'ayant point connu, n'ont jamais pu l'offenser. »

« Votre malheur, je l'avoue, est digne de pitié, lui dit Valverde; et, sans un prodige, vous ne pouvez guère sortir du précipice où je vous vois. On sait que vous êtes la sœur du guerrier qui défend ces murs; on lui propose de se rendre : votre rançon est à ce prix. S'il vous aime assez pour souscrire à cette indigne loi, vous serez réunis, mais dans la honte et l'esclavage : je dis dans la honte, ma fille; car il n'est plus qu'un perfide et qu'un lâche, s'il trahit pour vous son devoir. »

Amazili, en l'écoutant, était tremblante et consternée. « Eh bien, reprit-il, croyez-vous que s'il venait du ciel un être bienfaisant, qui, vous ombrageant de ses ailes, frappât vos ennemis de confusion et de terreur, et vous enlevât de leurs mains, il fallût dédaigner ses soins et refuser son assistance? — Et quel sera, demanda-t-elle, cet être secourable? — Moi, répondit Valverde. — Ah! vous serez pour nous, dit-elle, un dieu libérateur. — Il dépend de vous seule que je le sois, reprit le fourbe; et c'est à vous de m'y engager. — Hélas! comment? — Pensez au bienheureux moment où ce frère si désiré, où cet amant plus désiré encore, vous voyant arriver, se précipiteraient dans vos bras. — Je succomberais à ma joie. — Je le crois. Je me peins cette bienheureuse entrevue. Fille aimable, je crois vous voir voler dans leur sein, les combler de vos plus touchantes caresses; je vois vos charmes s'animer, et briller d'un éclat céleste; je vois votre cœur palpiter, votre sein tressaillir; je vois vos yeux lancer les étincelles de la joie, et bientôt répandre les larmes de la plus douce volupté. Oui, je vous le rendrai cet amant, cet heureux amant. Goûtez d'avance les délices d'une réunion qui sera mon ouvrage, et laissez-m'en jouir moi-même, en vous faisant l'illusion que je me fais. Croyez le voir, qui vous appelle, qui vous voit, qui fait éclater sa joie et son amour. Jetez-vous dans ses bras, et partagez l'égarement, l'ivresse, le délire où vous le plongez. » A ces mots, les yeux enflammés, il s'élançait... Elle s'échappe, et portant la main sur son arc, qu'elle arme d'une flèche : « Arrête ! lui dit-elle, d'un air où l'indignation se mêle avec la frayeur ; arrête, homme faux et cruel ! Je t'entends, je vois à quel prix tu mets ton indigne pitié. Je suis faible, je suis captive et livrée à nos oppresseurs ; mais j'ai dans ma faiblesse une force qui me soutient. Cette force, au-dessus de celle des tyrans, est un fier mépris de la mort. »

« Imprudente ! reprit Valverde, ne vois-tu que la mort à craindre ? Et un éternel esclavage ? et le malheur de ne plus voir ce que tu as de plus cher au monde ? et le malheur plus effroyable encore d'avoir entraîné dans les fers ton frère et ton amant?... Tremble, et tombe à genoux pour fléchir ma colère; ou ces transfuges d'un pays que nous avons réduit en cendre, ton frère, ton amant, toi-même, vous subirez à votre tour le sort que vos rois ont subi. »

« Va, lui dit-elle avec horreur, quand je verrais là, sous mes yeux, le brasier de Guatimozin, j'aimerais mieux m'y jeter vivante, qu'aux pieds d'un fourbe que j'abhorre. » Et, en parlant, elle tenait son arc tendu pour le percer. Valverde, confondu, s'éloigne plein de rage, mais sans remords.

Abandonnée à elle-même, la malheureuse se plongea dans l'abyme de sa douleur. Se voir séparée à jamais de son frère et de son amant, ou les voir se livrer eux-mêmes aux meurtriers de leurs parents, aux destructeurs de leur patrie ! ils ne s'y résoudraient jamais; et quand ils pourraient s'y résoudre, en seraient-ils plus épargnés ? On avait appris à les craindre; on n'aurait garde de laisser au Mexique de si redoutables vengeurs.

Dans le silence de la nuit, ces réflexions, animées par l'image de sa patrie qui s'offrait sanglante à ses yeux, l'agitèrent si violemment, qu'il n'était rien de plus affreux pour elle que de penser que, pour sa délivrance, on pût vouloir la loi des Castillans.

Mais non, ce n'était pas ainsi qu'Orozimbo et Télasco méditaient de la délivrer. Choisir une nuit sombre, sortir de leurs remparts, attaquer le camp ennemi, périr ensemble, ou pénétrer jusqu'au vaisseau où Amazili était captive, et l'enlever, tel était le digne conseil qu'ils avaient pris du désespoir.

Tous deux brûlaient d'impatience que le jour éclairât le port. Ils espéraient qu'Amazili paraîtrait sur la poupe, où, du haut des remparts, ils auraient pu la reconnaître. Leur espoir ne fut pas trompé.

Amazili, l'âme encore pleine du trouble de la nuit, attendait sur la poupe que la clarté, qui commençait à se répandre, fût plus vive; et cependant ses yeux, à travers le mélange des ombres et de la lumière, se fatiguaient à découvrir le fort qui dominait la mer. D'abord elle croit l'entrevoir; elle le voit enfin; et sur le mur elle découvre deux hommes que son cœur lui assure être son frère et son amant. « Ils me cherchent des yeux, dit-elle; ils ne peuvent vivre sans moi. Je les rendrai faibles et lâches, perfides envers leur patrie, infidèles envers un roi leur bienfaiteur et leur ami. Non, non, je ne mets point ce funeste prix à ma vie; et, si elle est pour eux une honteuse chaîne, je saurai les en délivrer. » Alors, pour fixer leurs regards, elle détache sa ceinture, et la fait voltiger dans l'air. L'un des deux, c'est son cher Télasco, répond à ce signal, en faisant voltiger de même le panache de plumes dont il ornait sa tête; et, lorsqu'elle est bien assurée que leurs yeux, attachés sur elle, observent tous ses mouvements, elle tire une flèche de son carquois, lève le bras, et dit, mais sans espoir d'être entendue : « Adieu, mon frère, adieu, malheureux Télasco. Pleurez-moi, sur-tout vengez-moi, vengez le Mexique. » A ces mots, se perçant le sein, elle s'élance dans la mer. »

« O ciel! ma sœur! Amazili!..... C'en est fait. Je l'ai vue se frapper et tomber. J'ai vu, s'écrie Orozimbo, les flots s'ouvrir, se refermer sur elle. Ma sœur, ma chère Amazili n'est plus. Elle n'est plus! et nous vivons! et les monstres qui l'ont réduite à se donner la mort!.. Ah! nous la vengerons. Mon frère! mon ami! oui, nous la vengerons; c'est notre dernière espérance. » A ces mots, pâles, frémissants, étouffés de sanglots et inondés de larmes, ils s'embrassent l'un l'autre, ils se laissent tomber, ils se roulent sur la poussière, et leur douleur s'exhale par des frémissements qu'interrompt un affreux silence. Revenus à eux-mêmes, ils forment le projet de sortir dès la nuit suivante, et de porter dans le camp ennemi l'effroi, le carnage, et la mort. Hélas! vain projet! La fortune, avant la fin du jour, eut tout changé sur ce rivage.

On vit les peuples des vallées d'Ica, de Pisco, d'Acari, accourir en foule au-devant des Espagnols, leur rendre hommage, et les engager à venir descendre au port de Rimac, sur ces bords où, dans peu, s'éleva la ville des rois (1). Cette révolution soudaine était l'ouvrage de Mango. Pizarre en profite avec joie : il se rembarque avec

____

(1) Lima.

les siens; et les Mexicains, désolés de voir les Castillans se dérober à leur vengeance, reprennent tristement le chemin des hautes montagnes par les champs de Tumibamba.

CHAPITRE XLVII.

Atalina, qui, depuis sa victoire, avait appris l'arrivée des Espagnols, laissait reposer son armée sur les bords du fleuve Zamore; et alors le soleil, au tropique du nord, ayant atteint cette limite qu'une loi éternelle a marquée à sa course et que jamais il ne franchit, ce fut dans une vaste plaine et au milieu d'un camp nombreux que sa fête fut célébrée. Les peuples y vinrent en foule; la cour de l'Inca s'y rendit du palais de Riobamba, où ce prince l'avait laissée; la plus chérie de ses femmes, la belle et tendre Aciloé, y vint, les yeux encore baignés des larmes que le souvenir de son fils lui faisait répandre, et que le temps ne pouvait tarir. Cora, dont les malheurs avaient sensiblement touché cette princesse, qui l'avait admise à sa cour, Cora l'accompagnait. Elle revit Alonzo, glorieuse et charmée de porter dans son sein le gage de leur tendre amour.

Toutes les fêtes du soleil avaient un grand objet de morale publique. Celle-ci, la plus sérieuse et la plus imposante, était la fête de la mort. Ce qui distinguait cette fête de celles que l'on a décrites, c'était l'hymne que l'on y chantait. Le pontife, d'un air serein, et portant sur le front une majestueuse tranquillité, entonnait cette hymne funèbre ; les Incas répondaient ; le peuple écoutait en silence, et méditait la mort.

« Homme destiné au travail, à la peine et à la douleur, console-toi, car tu es mortel. Le matin, tu te lèves pour sentir le besoin ; tu te couches le soir, lassé, abattu de fatigue. Console-toi ; car la mort t'attend, et dans son sein est le repos.

« Tu vois une barque agitée par la tempête, gagner la rade paisible et se sauver dans le port. Cette mer, sans cesse battue par la tourmente, c'est la vie ; ce port tranquille et sûr, d'où jamais les orages n'ont approché, c'est le tombeau.

« Tu vois le timide enfant que sa mère a laissé loin d'elle, pour lui faire essayer ses forces. Il court à elle d'un pas chancelant, en lui tendant ses faibles bras ; il arrive, il se précipite dans son sein ; et il ne sent plus sa faiblesse. Cet enfant, c'est l'homme ; et cette mère tendre, c'est la nature, qu'en ce moment le vulgaire appelle la mort.

« Homme fragile, pendant ta vie tu es l'esclave de la nécessité, le jouet des événements. La mort brisera tes liens : tu seras libre ; et il n'existera pour toi, dans l'immensité, que toi-même et le Dieu qui t'a fait.

« Que ce Dieu, qui anime le monde, laisse échapper un souffle ; c'est la vie. Qu'il le retire ; c'est la mort. Qu'a d'étonnant la vitesse d'un souffle qui passe dans ton sein, comme le vent à travers le feuillage ? Le feuillage est-il étonné de n'avoir pu fixer le vent ?

« Tu as vu expirer ton semblable ; ses convulsions t'ont fait peur ; et ces efforts de la douleur, au moment de lâcher sa proie, tu les attribues à la mort. La mort est impassible ; et au bord de la tombe est une digue où s'accumulent les restes des maux de la vie ; mais au-delà c'est un calme éternel.

« Ne trouves-tu pas que le temps est lent à s'écouler? C'est que le temps amène la mort, et que la mort est le terme où tend la nature inquiète, et impatiente de la vie. Quel homme ne desire pas d'être à demain? C'est qu'aujourd'hui c'est la vie, et que demain c'est la mort.

« La vieillesse, qui dénoue tous les liens de l'ame ; l'alternative inévitable de la caducité ou du trépas ; la douceur du sommeil, qui n'est que l'oubli de soi-même; l'ennui, ce sentiment pénible d'une existence froide et lente, tout nous dispose, nous invite et nous habitue à la mort.

« Homme, d'où te vient donc cette répugnance pour un bien vers lequel tu es entraîné par une pente invincible? C'est que tu te crois plus sage que la nature, meilleur que le Dieu qui t'a fait ; c'est que tu prends pour un abyme les ténèbres de l'avenir.

« Et qui voudrait souffrir la vie, si le passage était moins effrayant? La nature nous intimide, afin de nous retenir. C'est un fossé profond qu'elle a creusé sur les confins de la vie et de la mort, pour empêcher la désertion.

« S'il était un Dieu assez inexorable pour vouloir désespérer l'homme, il le condamnerait à ne jamais mourir. Le dégoût, la tristesse, affligeraient son ame ; et la nécessité de vivre, semblable à un rocher hérissé de pointes aiguës, l'écraserait incessamment. Le signe de la réconciliation entre le ciel et l'homme, c'est la mort.

« Il n'est qu'un seul moyen de rendre la vie plus précieuse que la mort même : c'est de vivre pour sa patrie, fidèle à son culte, à ses lois, utile à sa prospérité, digne de sa reconnaissance ; et de pouvoir dire en mourant : Je n'ai respiré que pour elle ; elle aura mon dernier soupir. »

Ainsi chantaient les enfants du soleil ; et ces chants, qui retentissaient dans l'ame des jeunes guerriers, les élevaient au-dessus d'eux-mêmes. Mais les femmes et les enfants, regardant leurs époux, leurs pères, avec des yeux où la tendresse et la frayeur étaient peintes, semblaient les conjurer d'aimer, ou du moins de souffrir la vie, et opposaient les mouvements les plus naïfs de la nature à cet enthousiasme qui défiait la mort.

Le monarque, après ce cantique, ayant fait, par tribus, l'éloge des braves Indiens qui avaient péri pour sa défense : « Nous avons pleuré sur les morts ; tout est consommé, reprit-il. Laissons le passé, qui n'est plus ; et ne pensons qu'à l'avenir, qui pour nous est un nouvel être. Des brigands, les fléaux des bords où ils descendent, viennent d'arriver à Tumbès. Je crois avoir mis cette ville en état de les occuper. Des héros la défendent ; mais ce n'est point assez, demain je vole à son secours. Peuples, c'est là que nous appellent des dangers dignes d'éprouver le plus intrépide courage. Vous allez voir des animaux rapides porter l'homme dans les combats ; vous allez voir l'image du terrible Illapa (1) dans les armes de ces brigands. Ils ont su donner à la mort un appareil épouvantable. Mais ce n'est jamais que la mort ; et vous venez d'entendre si la mort est à craindre. Du reste, ces brigands sont périssables comme nous ; et ils sont en si petit nombre, que, si vous les enveloppez, ils seront au milieu de vous, comme les feuilles agitées par le tourbillon des

____

(1) La foudre.

tempêtes. Voilà, poursuivit-il en leur montrant Alonzo, celui qui sait comment on peut les vaincre : c'est à lui de vous commander.

CHAPITRE XLVIII.

Ainsi parlait Ataliba; et il inspirait son courage. Mais sur la fin du jour il voit arriver dans son camp les guerriers mexicains, qui lui racontent leur disgrace. Ils lui apprennent que Mango, réduit au désespoir, suppose et fait répandre parmi les Indiens un oracle du roi son père (1), lequel, en mourant, a prédit l'arrivée des Castillans, et recommandé à ses peuples d'aller au-devant d'eux et de les adorer; que Mango, à l'appui de cette opinion, a lui-même donné l'exemple et envoyé une ambassade au général des Castillans, pour implorer son assistance en faveur du roi de Cusco, contre l'usurpateur du trône des Incas, l'exterminateur de leur race, l'oppresseur de l'Inca son frère, captif dans les murs de Cannare.

____

(1) Huaïna Capac.

Les mêmes nouvelles arrivaient de tous côtés en même temps, et se répandaient dans l'armée; l'inquiétude et la frayeur s'emparaient de tous les esprits, quand le cacique de Rimac vint remettre à l'Inca des lettres dont le général espagnol l'avait chargé pour Alonzo. Pizarre, en lui envoyant la lettre de Las-Casas, lui écrivit lui-même en ces mots :

« Mon cher Molina, si vous aimez votre patrie, voici le moment de lui épargner des crimes. Si vous aimez les Indiens, voici le moment de leur épargner des malheurs. Vous n'avez pas connu l'ami que vous avez abandonné. Ce qui vous affligeait, m'affligeait encore plus moi-même. Mais, sans titres et sans pouvoir pour me faire obéir et craindre, je dissimulais malgré moi ce que je ne pouvais punir. J'ai fait depuis un voyage en Espagne. J'en arrive enfin revêtu de toute la puissance de notre invincible monarque. Ce jeune prince aime les hommes. Il veut qu'on use d'indulgence et de ménagement envers les Indiens. Il m'a recommandé, pour eux, les soins et la bonté d'un père. Heureux si je remplis ses vues ! Soyez bien sûr que mon penchant est d'accord avec mon devoir. Mais vous savez combien l'autorité commise s'affaiblit dans l'éloignement, et avec quelle précaution je dois en user sur des hommes violents et déterminés. Dans le nombre il en est dont l'ame est désintéressée, le cœur sensible et généreux; il est aisé de les conduire. Mais la foule est aveugle, inquiète, et sur-tout avide; et c'est elle, je vous l'avoue, que je crains de voir m'échapper. Mon ami, je n'en réponds plus, si les hostilités l'irritent. Un doux accueil de la part de vos peuples est le seul moyen d'établir la concorde et l'intelligence. C'est à vous de me seconder, en y disposant les esprits. Je vois la moitié de l'empire empressée à s'unir à moi. J'ai plus de force qu'il n'en fallait pour répandre ici le ravage; mais, sans vos bons offices, je n'en ai pas assez pour maintenir l'ordre et la paix. Je marche vers Cassamalca, où l'inca de Quito a, dit-on, rassemblé ses forces. On lui impute bien des crimes; mais seriez-vous l'ami d'un tyran? Je ne le puis penser; et votre estime est son apologie. Venez au-devant de moi. Nous nous concerterons ensemble pour conquérir sans opprimer.

« Las-Casas, votre ami, et je puis dire aussi le mien, le vertueux Las-Casas, que j'ai laissé mourant à l'île Espagnole, a voulu vous écrire. Je vous envoie sa lettre. Je crains bien, mon cher Alonzo, que ce ne soit un dernier adieu. »

La douleur dont Alonzo avait été saisi en lisant ces mots, redoubla, lorsqu'il jeta les yeux sur la lettre de Las-Casas.

« Si vous vivez, mon cher Alonzo, si vous êtes encore parmi nos Indiens, et si Pizarre vous retrouve sur les bords où il va descendre, recevez de sa main ce tendre et dernier gage d'une sainte amitié. Je suis mourant. Je n'ai vécu que pour gémir. Dieu a permis que, dans le court espace de ma vie, j'aie vu sous mes yeux tous les crimes et tous les malheurs rassemblés. Quel regret puis-je avoir au monde ?

« Je vous ai confié mes craintes sur l'entreprise de Pizarre; elles viennent d'être calmées par les vertus de ce héros. Oui, mon ami, le ciel a touché sa grande ame. Pizarre pense comme nous. Il sent qu'il est plus beau d'être le protecteur et le père des Indiens, que leur vainqueur et leur tyran.

Unissez-vous à lui, pour lui concilier leur estime et leur bienveillance : il en est digne comme vous. Adieu. Je crois sentir que mon heure approche. Demain peut-être je serai devant le trône de mon juge ; et s'il m'est permis d'implorer sa clémence, ce sera pour ces Espagnols qui l'adorent et qui l'outragent ; ce sera pour ces Indiens égarés dans l'erreur, mais simples, doux et bienfaisants, qu'il a créés, qu'il aime, et qu'il ne veut pas rendre éternellement malheureux. Protégez-les, voyez en eux mes plus chers amis, après vous, que j'aimerai au-delà du tombeau. »

Cette lettre fut arrosée des larmes de l'amitié. Alonzo la baisa cent fois avec un saint respect. Ataliba ne put l'entendre sans partager l'émotion, l'attendrissement du jeune homme. « Quel est donc, lui demanda-t-il, ce Las-Casas, cet homme juste ? — Ah ! dit Alonzo, demandez à ce cacique et à son peuple. » Ce cacique était Capana. Il avait entendu la lettre de Las-Casas ; et, appuyé sur sa massue, ses yeux baissés fondaient en pleurs. « Ce n'est pas un homme, dit-il ; c'est un être céleste envoyé de son Dieu, pour adoucir les tigres et pour consoler les hommes. Nous l'aurions adoré, s'il nous l'avait permis. »

Ce témoignage, mais sur-tout celui d'Alonzo, l'emporta sur les impressions terribles que l'exemple de Montezume et tous les malheurs du Mexique avaient pu faire sur l'ame d'Ataliba. « Je m'abandonne à vous, dit-il à son fidèle Alonzo. Allez au-devant de Pizarre ; assurez-vous de ses intentions ; et, s'il est tel qu'on vous l'annonce, répondez-lui de la droiture et de la bonne foi d'un prince votre ami, qui desire d'être le sien. »

Des Indiens chargés des plus magnifiques présents formaient le cortége d'Alonzo ; et ces richesses (1) disposèrent favorablement les esprits. Mais telle était la soif de l'or qui dévorait les Castillans, que ce qui aurait dû l'apaiser, l'irritait, au lieu de l'éteindre.

---

(1) Ce fut là que les Indiens, s'étant aperçus que les chevaux rongeaient leurs mors, crurent qu'ils mangeaient les métaux ; et dans cette persuasion, qu'on n'avait garde de détruire, ils s'empressaient de mettre devant ces animaux des vases remplis de grains d'or.

La conférence de Pizarre avec Alonzo fut l'épanchement de deux cœurs pleins de noblesse et de franchise. Des deux côtés l'état des choses fut exposé avec candeur. Pizarre ne vit dans l'Inca de Cusco qu'un excès d'orgueil sans prudence, et dans Ataliba que la noble fierté d'un cœur sensible et généreux. De son côté, Alonzo reconnut le danger d'irriter dans les Castillans cette soif de l'or et du sang, qui n'était jamais qu'assoupie, et qu'un fanatisme barbare ne demandait qu'à rallumer. Il fut réglé que Molina précéderait Pizarre dans les champs de Cassamalca ; que le général espagnol s'avancerait avec ses deux cents hommes, et qu'il laisserait en arrière les Indiens de son parti. Également sûrs l'un et l'autre de leur bonne foi mutuelle, ils s'embrassèrent ; et Alonzo retourna au camp indien.

Le roi de Quito l'attendait dans le trouble et l'impatience. Mais il fut bientôt rassuré ; et il assembla ses guerriers pour leur faire part de sa joie. Les Péruviens se réjouirent ; mais les Mexicains, d'un air sombre et l'œil attaché à la terre, écoutaient en silence les paroles de paix qu'apportait Alonzo. Leur chef, qui croyait voir tomber l'Inca dans un piége funeste, voulut l'en garantir. « Eh quoi! prince, lui dit-il, as-tu donc oublié le sort de Montezume et celui du Mexique? Tu abandonnes ton pays à ces mêmes brigands qui ont désolé le nôtre, et qui l'ont inondé de sang! Tu te livres aux mains qui ont enchaîné nos rois, qui les ont fait brûler vivants! Ah! que notre exemple t'éclaire et t'épouvante. Trop averti par nos malheurs, sois sage à nos dépens. Ne vois-tu pas ici le même enchaînement dans les causes de ta ruine, que dans celles de notre perte? Notre empire était divisé, celui-ci l'est de même. Un oracle menteur nous faisait une loi honteuse de fléchir devant nos tyrans; un même oracle vous l'ordonne. Notre roi, séduit et trompé par des apparences de paix, de bonne foi, de bienveillance, se perdit, et perdit ses peuples; et toi, malheureux prince, tu veux te livrer comme lui! Ah! si Montezume avait eu cette ame ferme et courageuse que tu nous as fait voir, il aurait sauvé le Mexique. Pourquoi donc te laisser abattre, et te présenter sous le joug? Es-tu sans espoir, sans ressource ? Éloigne - toi. Laisse Palmore à la tête de ton armée. Qu'il fasse-tête aux Indiens. Ces caciques et moi, avec nos deux mille hommes, nous chargerons les Castillans ; et nous prendrons le chemin le plus court de la vengeance ou de la mort. »

Alonzo crut devoir répondre. « Inca, dit-il, le caractère de ma nation est d'être fière et brave. Ce n'est un mal que pour ses ennemis. Sa passion est la soif de l'or ; et tu peux l'assouvir sans peine. Le reste est personnel : le vice et la vertu naissent dans les mêmes climats : le peuple, qui en est un mélange, devient méchant ou bon, suivant l'exemple qu'on lui donne. Son ame est celle du brigand, ou du héros qui le conduit. Cortès a détruit sa conquête et déshonoré ses exploits. Pizarre, plus humain, plus sincère, plus généreux, peut vouloir ménager, rendre heureux et paisible le monde qu'il aura soumis, et se faire une renommée sans reproches et sans remords. Pizarre est Espagnol ; mais ne le suis-je pas moi-même ? Me connais-tu fourbe, avide et féroce ? Non, tu me crois sincère et bienfaisant. Pourquoi donc ne

croirais-tu pas qu'au moins Pizarre me ressemble?
Tu répondrais de moi : je réponds de lui ; et j'en
réponds sur la foi de Las-Casas , sur la foi de cet
Espagnol, le plus vrai, le plus vertueux, le plus sensible des mortels, et sur-tout le meilleur ami que les
Indiens aient au monde. Celui-là ne peut me tromper : mais il peut se tromper lui - même ; on peut
lui en avoir imposé. Sois donc prudent, sans être
injuste. Tends les mains à la paix , sans toutefois
quitter les armes ; et , au milieu d'un camp nombreux, ose recevoir deux cents hommes qui se
présentent en amis. »

L'Inca, plein de la confiance que lui inspirait
Alonzo , n'eût pas même voulu songer à se mettre
en défense. Alonzo prit soin d'y pourvoir. Il lui
fit un cortége de huit mille Indiens d'une valeur
reconnue. A l'aile droite, et en avant des tentes
de l'Inca, il établit les Mexicains, avec la même
troupe qu'ils avaient commandée. Les sauvages de
Capana formaient l'aile opposée ; et Palmore, avec
son armée, occupait le centre, et formait une enceinte autour du trône de son roi. « Prince, je
fais des vœux au ciel, dit le jeune homme, pour

que la bonne foi préside à cette conférence, et
forme, entre Pizarre et toi, les nœuds d'une solide paix. Si je suis trompé dans mes vœux, si je
le suis dans mon attente, je verserai pour toi, mon
sang. C'est tout ce que je puis. Je n'ai rien donné
au hasard; je ne me reprocherai rien. »

CHAPITRE XLIX

LA nuit vint ; elle suspendit ce flux et ce reflux de craintes et d'espérances qu'une incertitude pénible et des pressentiments confus faisaient naître dans les esprits. Mais ces mouvements, apaisés par le sommeil, se renouvelèrent, lorsqu'aux premiers rayons du jour on vit de loin la troupe de Pizarre qui s'avançait, et qu'il était aisé de reconnaître au brillant éclat de ses armes. Elle approche ; le roi l'attend, élevé sur son trône d'or, que soutiennent douze caciques. Les Espagnols, déployés sur deux lignes, dont la cavalerie occupe les ailes, ayant à leur tête Pizarre, et vingt guerriers, qui, comme lui, montent des coursiers belliqueux, s'avancent, d'un pas fier et grave, à la portée du javelot. Pizarre alors commande qu'on s'arrête ; et, accompagné de Valverde et de six de ses lieutenants, il se présente, avec une noble assurance, devant le trône de l'Inca.

Ou fait silence ; et du haut d'un coursier qui l'élève au niveau du trône, le héros castillan parle au roi en ces mots : « Grand prince, tu sais qui nous sommes. Et plût au ciel que le nom espagnol fût moins fameux dans ce Nouveau-Monde, puisqu'il ne doit sa renommée qu'à d'horribles calamités ! Mais le reproche et la honte du crime ne doivent tomber que sur le criminel ; et si la renommée les a étendus sur l'innocent, elle est injuste ; et tu ne dois pas l'être. Si j'en croyais tes ennemis, je te regarderais comme le plus barbare des tyrans. Mais tes amis m'ont répondu de ton équité ; je les crois. Traite-nous de même ; ou du moins, avant de nous juger, commence à nous connaître, et ne fais pas retomber sur nous les maux que nous n'avons pas faits.

« Lorsque les Incas tes aïeux ont fondé cet empire, et rangé sous leurs lois les peuples de ce continent, ils leur ont dit : Nous vous apportons un culte, des arts, et des lois qui vous rendront meilleurs et plus heureux. Voila le titre de leur conquête. Ce titre est le mien ; et, comme eux, je m'annonce par des bienfaits. Je n'aurai pas de peine à te persuader que nous sommes supérieurs, par l'industrie et les lumières, à tous les peuples de ce monde. Ce sont les fruits de trois mille ans de travaux et d'expérience, dont nous venons vous enrichir. Dans vos lois, je ne changerai que ce que tu croiras toi-même utile d'y changer, pour le bien de tes peuples; et ces lois, et l'autorité qui en est l'appui, resteront dans tes mains : tes peuples n'auront pas le malheur de perdre un bon roi. Protégé par le mien, tu seras son ami, son allié, son tributaire; et ce tribut, léger pour toi, n'est que le partage d'un bien que vous prodigue la nature, et qu'elle nous a refusé. En échange de l'or, nous vous apportons le fer, présent inestimable, et pour vous mille fois plus utile et plus précieux. Nos fruits, nos moissons, nos troupeaux, ces richesses de nos climats; des animaux, les uns délicieux au goût, servant de nourriture à l'homme, les autres à-la-fois robustes et dociles, faits pour partager ses travaux; les productions de nos arts, qui font le charme de la vie; des secrets pour aider nos sens et pour multiplier nos forces; des secrets pour guérir ou pour soulager nos maux ; mille larcins que l'homme industrieux a faits à la nature, mille découvertes nouvelles pour subvenir à ses besoins, pour ajouter à ses plaisirs : voilà ce que je te promets, en échange de ce métal, de cette poussière brillante, dont vous êtes assez heureux pour ne pas sentir le besoin. Inca, tel est l'accord paisible et le commerce mutuel que mon maître Charles d'Autriche, puissant monarque d'Orient, m'a chargé de t'offrir. »

Ataliba, le cœur rempli de joie et de reconnaissance, répondit à Pizarre qu'il justifiait bien l'opinion qu'on lui avait donnée de sa droiture et de sa générosité ; qu'à tout ce qu'il lui proposait, il ne voyait rien que de juste ; que les montagnes où germait l'or seraient ouvertes aux Castillans ; et qu'il ne croirait pas assez payer encore l'amitié d'un peuple éclairé, qui lui apportait ses lumières et l'alliance d'un grand roi.

« La plus sublime de nos lumières, reprit le héros castillan, c'est la connaissance d'un Dieu, dont la terre, le ciel, le soleil même, sont l'ouvrage. Inca, ne t'en offense point : ce bel astre, dont tes aïeux se disaient les enfants, est sans doute la plus frappante des merveilles de la nature : mais il est lui-même sorti des mains de l'être créateur; et il ne fait que lui obéir, en donnant sa lumière au monde. C'est donc ce Dieu, qui, d'un coup-d'œil, a prescrit au soleil sa course, à la mer ses limites, son repos à la terre, aux cieux leurs révolutions, à la nature entière ses mouvements divers, son ordre, ses lois éternelles; c'est lui seul qu'il faut adorer. »

« Le Dieu que tu m'annonces, lui répondit l'Inca, ne nous était pas inconnu : il a un temple parmi nous; ce temple est dédié à celui qui anime le monde (1). Mais pourquoi cet être sublime ne serait-il pas le soleil ? Cet éclat, cette majesté, sont, je crois, bien dignes de lui. »

« Inca, lui demanda Pizarre, si, d'une extrémité de ton empire à l'autre, je voyais tous les ans un voyageur aller et revenir, sans jamais ralentir sa course, sans se reposer un moment, sans jamais s'écarter d'un pas, le prendrais-je pour le roi

____

(1) Pacha Camac.

du pays, ou pour un de ses messagers? Le Dieu de l'univers n'a point d'heure prescrite, ni d'espace déterminé; il est sans cesse et par-tout présent. Celui qu'obscurcit un nuage, et qui ne saurait éclairer une moitié du globe, sans laisser l'autre dans la nuit, n'est point le dieu de l'univers. Autrefois, m'a-t-on dit, tes peuples adoraient la mer, les fleuves, les montagnes. Tout cela, comme le soleil, tient sa place dans la nature; mais tout cela ne fait qu'obéir et servir. Adorons celui qui commande; et pour en avoir une idée, infiniment trop faible encore, écoute ce que nos sages nous ont depuis peu révélé. Ces hommes, exercés à voir ce qui se passe dans les cieux, sont tous persuadés que le monde où nous sommes n'est pas le seul monde habité; qu'il en est mille dans l'espace; et que chacune des étoiles est un soleil plus éloigné de nous, fait pour éclairer d'autres mondes. Laisse aller ta pensée dans cette immensité, et vois ces soleils et ces mondes tous soumis à la même loi. Celui qui les gouverne tous, à qui tous obéissent, est le Dieu que j'adore. Juge combien ce Dieu est encore au-dessus du tien. »

« Tu me confonds, mais tu m'éclaires, dit l'Inca. Je commence à croire qu'on avait trompé mes aïeux. Dis-moi seulement si ton Dieu est juste et bon, et si sa loi fait à l'homme un devoir de l'être? — Il est, lui répondit Pizarre, la justice et la bonté même; et l'unique devoir de l'homme est de lui ressembler. — Je ne te demande plus rien, reprit l'Inca. Viens nous instruire, nous éclairer de ta raison, nous enrichir de ta sagesse; et sois sûr de trouver des cœurs dociles et reconnaissants. »

Ainsi, tout semblait s'aplanir, lorsque le fourbe et fougueux Valverde demande à parler à son tour. « Oui, prince, dit-il à l'Inca, ce que tu viens d'entendre est vrai, mais d'une vérité sensible. Il s'agit à présent d'oublier ta propre raison, ou de l'humilier sous le joug de la foi. Voici ce que la foi t'enseigne. » Alors l'imprudent (1)

---

(1) « Croyant peut-être, dit Benzoni, que ce roi fût devenu en un instant quelque grand théologien. » *Pensando forse che il re fosse un qualche gran theologo divenuto.* (Hist. du Nouv. Monde, liv. 3.)

s'enfonça dans la profonde obscurité de nos redoutables mystères, au nombre desquels il comprit l'autorité d'un homme préposé par Dieu même pour commander aux rois, dominer sur les peuples, disposer des couronnes, comme de tous les biens des souverains et des sujets, et faire exterminer tous ceux qui ne lui seraient pas soumis.

Le monarque péruvien, étonné d'un langage si étrange pour lui, demande avec douceur à celui qui vient de parler, où il a pris toutes ces choses. « Dans ce livre, répond Valverde d'un ton plein d'arrogance, dans ce livre inspiré, dicté par l'Esprit saint lui-même. » L'Inca, sans s'émouvoir, prit dans ses mains le livre ; et, après y avoir jeté les yeux : « Tout ce que Pizarre m'annonce, je le conçois, dit-il ; je le croirai sans nulle peine. Mais ce que tu me dis, je ne saurais le concevoir ; et ce livre, muet pour moi, ne m'en instruit pas davantage. » Il ajouta, dit-on, quelques mots offensants(1) pour cet homme qui s'arrogeait le droit de

____

(1) « Que le pape devait bien être quelque grand fat, de donner ainsi libéralement ce qui n'était pas à lui. » *E chè il*

commander aux rois et de disposer des empires ; et, soit mépris ou négligence, en rendant le livre à Valverde, il le laissa tomber.

Il n'en fallut pas davantage. Le prêtre fanatique, transporté de fureur, se tourne vers les Espagnols, et se met à crier vengeance pour la religion, que ce barbare foule aux pieds (1).

A l'instant, par un feu rapide et meurtrier, l'arquebuse annonce la guerre, et donne le signal du plus noir des forfaits. Le bataillon s'ouvre ; et du centre, l'airain gronde et vomit la mort. Au bruit de ces volcans d'airain qui s'embrasent et qui mugissent, au massacre imprévu que d'invisibles coups font devant le trône du roi, il se trouble ; il voit à ses pieds sa garde éperdue et tremblante, se serrer pour toute défense, et périr sous ses yeux, comme un troupeau timide, au milieu duquel le feu dévorant de la foudre serait tombé. L'Inca

pontifice doveva essere un qualche gran pazzo, poi che dava cosi liberamente quello d'altri. (BENZONI, Hist. du Nouveau-Monde, liv. 3.)

(1) _Uccidete questi cani che dispreggiano la legge di dio._ (BENZONI, Hist. du Nouv. Monde, liv. 3.)

leur avait défendu toute espèce d'hostilité; et ils observaient sa défense. Alonzo, furieux, les presse de le suivre, et de fondre en désespérés sur cette troupe d'assassins. « Vengez-vous, vengez-moi des traîtres qui déshonorent ma patrie. Défendez, sauvez votre roi. » Le vaillant jeune homme, à ces mots, se sent blessé; il tombe. L'Inca le voit tomber, et pousse des cris lamentables.

« C'est à nous, dit Orozimbo, d'exterminer ces monstres. Suivez-moi, mes amis, et emparons-nous de leurs foudres. » Il dit; et, à la tête des princes de son sang et de ses deux mille Indiens, il marche, sans détour, vers ces bouches brûlantes qui tonnent devant lui; il ne les entend point. Ses amis écrasés l'inondent de leur sang; les lambeaux de leur chair, les débris de leurs os tombent sur lui de toutes parts; sa fureur l'aveugle et l'emporte. Télasco lui reste, et le suit. Amis infortunés! Ils vont tête baissée se jeter sur la batterie : une explosion formidable les met en poudre; ils disparaissent dans un tourbillon de fumée; et de leur brave et malheureuse troupe, le glaive castillan moissonne ce que le feu n'a pas détruit.

Ce désastre épouvantable, et aussi prompt que la pensée, ne décourage ni Palmore, ni Capana : tous deux s'avancent pour envelopper l'ennemi. Mais c'est dans ce moment que partent, avec une fougue indomptable, les deux escadrons castillans. Les chefs, ne pouvant retenir la fureur du soldat, s'y laissent emporter. Ils volent à travers un nuage de flèches. Les chevaux en sont hérissés; mais furieux comme leurs guides, ils enfoncent les bataillons, bondissent à travers les lances, écrasent une foule d'Indiens terrassés; et le fer, trempé dans le sang, redouble cet affreux carnage.

De la garde d'Ataliba, six mille hommes sont massacrés; tout le reste va l'être. Ceux qui portent le trône ont à peine le temps de se succéder; tous périssent; et le mourant tombe soudain sur le mort qu'il a remplacé. Pizarre, qui, pour retenir une rage effrénée, s'était jeté à travers ses soldats, sans pouvoir ni se faire entendre, ni se faire obéir, ne voit plus qu'un moyen de sauver la vie à l'Inca. Il se met lui-même à la tête des meurtriers, il les devance, pénètre, arrive jusqu'au trône, écarte d'une main le fer qui va frapper Ataliba, et dont il est blessé lui-même ; de l'autre main saisit ce prince, l'entraîne, le jette à ses pieds ; et, en le gardant, il s'écrie : « Qu'on le prenne vivant, pour avoir ses trésors. » Ce mot en impose à la rage.

Pâle, troublé, hors de lui-même, le roi tombe, et se voit baigné dans des flots de sang indien. Il reconnaît les corps de ses amis, brisés, meurtris, percés de coups ; il les embrasse avec des cris si douloureux, que leurs bourreaux en sont émus. Dans la foule, il découvre Alonzo. « Cher et funeste ami ! tu m'as perdu, dit-il ; mais on t'a trompé : ton malheur est d'avoir eu l'ame d'un Indien. » A ces mots, s'étant aperçu qu'Alonzo respirait encore : « Ah ! cruel, dit-il à Pizarre, sauve du moins celui qui m'a livré à toi. »

Pizarre les fait enlever l'un et l'autre ; il charge Fernand de les garder, d'en prendre soin ; et lui, s'élançant dans la plaine, il vole et va sauver les déplorables restes de la légion de Palmore, sur laquelle on est acharné. Là, Valverde (1) au milieu

______

(1) Quant au moine qui avait commencé le jeu, il ne cessa, tant que le carnage dura, de faire du capitaine, et

17.

du meurtre, une croix à la main, la bouche écumante de rage, criait : « Amis, chrétiens, achevez, achevez, l'ange exterminateur vous guide. Ne frappez que de pointe, pour ménager vos glaives; plongez, trempez-les dans le sang. — « Éloigne-toi, monstre exécrable, lui dit Pizarre, éloigne-toi, ou je te fais vomir ton ame atroce. » Le monstre épouvanté s'éloigne en frémissant. « Arrêtez, cruels ! arrêtez, crie alors Pizarre aux soldats, ou tournez contre moi vos armes. »

Soit respect, soit épuisement de leur force et de leur fureur, ils obéissent; et Pizarre les fait retourner sur leurs pas.

Dans ce jour d'horreurs et de crimes, l'humanité eut un moment. Capana, voyant le combat désespéré, prenait la fuite avec un petit nombre de ses sauvages. Un escadron qui le poursuit, va

---

d'animer les soudards, leur conseillant de ne jouer que de l'estoc, et ne s'amuser à tirer des taillades et coups fendants, de peur qu'ils ne rompissent leurs épées. » *Perche di taglio non rompessero le spade.* (BENZONI, Hist. du Nouv. Monde, liv. 3.)

l'atteindre et l'envelopper. Le cacique désespéré se tourne, tend son arc, et choisit d'un œil étincelant le chef de la troupe ennemie. C'était Gonzalve Davila. La flèche part; et le jeune homme tombe mortellement blessé. On environne le cacique, on le saisit, et on le traîne aux pieds de Davila, pour le déchirer devant lui. Gonzalve entr'ouvre un œil mourant, et reconnaît celui qui l'a tenu en son pouvoir, celui qui lui a laissé la vie, et lui a rendu la liberté. « Est-ce toi, généreux Capana? lui dit-il en lui tendant ses bras tremblants; est-ce de ta main que je meurs? Tu m'avais fait grace une fois; je respirais par ta clémence; j'étais libre par ta bonté. J'en ai fait un cruel usage! Le ciel est juste: il l'a choisi pour m'arracher tes propres dons. Castillans, écoutez-moi, et redoutez, à mon exemple, la main du Dieu qui m'a frappé. Je dois tout à cet Indien; laissez-moi m'acquitter. Qu'il vive, et qu'il soit libre avec les siens. Viens, mon frère, mon bienfaiteur, mon meurtrier, et mon ami, viens, qu'en expirant je t'embrasse. Je devais apprendre de toi la justice et l'humanité. » Ces mots furent bientôt suivis de son dernier soupir; et Capana et ses sauvages allèrent chercher au-delà des montagnes de l'orient, chez les Moxes, libres encore, ou chez les féroces Antis, qui s'abreuvaient du sang des hommes, un asyle contre la rage d'un peuple encore plus inhumain.

CHAPITRE L.

LES Espagnols, fatigués de meurtres, et chargés des dépouilles qu'ils avaient enlevées du camp des Indiens, s'étaient presque tous rassemblés dans les murs de Cassamalca. Les uns, c'était le petit nombre, retirés en silence, honteux et consternés, se reprochaient le sang qu'ils venaient de répandre. D'abord, pour éviter la honte d'abandonner leurs compagnons, ils avaient cédé à l'exemple; mais l'honneur satisfait les avait livrés au remords. Les autres, fiers et glorieux, s'applaudissaient d'avoir vengé la foi, et, par un exemple terrible, épouvanté ces nations. Ce fut à ceux-ci que Valverde alla se plaindre de Pizarre avec la violence d'un séditieux forcené.

« Castillans, leur dit-il, vous venez de venger votre religion, qu'avait outragée un barbare. Armez-vous de constance; car ce zèle héroïque est mis au nombre des forfaits. Pizarre vous regarde comme des assassins dignes du dernier supplice ; et, s'il en avait le pouvoir, comme il en a la volonté, il vous y ferait traîner tous. En se saisissant de ce roi, qu'il fait garder dans ce palais, il n'a fait que vous le soustraire ; il n'a voulu que le sauver. C'était par lui qu'il espérait se rendre indépendant et absolu. Le traître Alonzo, leur agent mutuel, ménageait cette intelligence, et avait tramé ce complot. Vous n'avez pas entendu Pizarre parler à ce sauvage ; vous en auriez frémi. Charles paraissait suppliant devant Ataliba. Au lieu d'une conquête, c'était une alliance, un commerce au lieu d'un tribut, qu'il sollicitait humblement. Et la religion !..... C'est là ce qui vous aurait révoltés. Pizarre en a parlé comme font les impies. Il n'osait exposer la foi ; il rougissait de nos mystères ; lui-même, aux yeux des infidèles, il n'osait paraître chrétien. Indigné, j'ai pris la parole ; j'ai élevé ma voix ; j'ai dit ce qu'un chrétien ne peut ni déguiser ni taire. Vous avez vu par quel outrage Ataliba m'a répondu. Et c'est là ce que son ami, son allié, son protecteur vous reproche d'avoir

puni. Pour moi, je lui suis odieux ; et je me console
de l'être. J'ai vu fouler aux pieds le dépôt sacré de
la foi, et je vous ai crié vengeance : voilà mon
crime. Il eût fallu dissimuler le sacrilége, applaudir au blasphème, et trahir la religion en faveur
de l'impiété ; je ne l'ai pas fait, et j'attends sans
me plaindre les humiliations, les opprobres,
l'exil, peut-être le martyre !.... » A peine il achevait, cent voix s'élèvent et répondent qu'il sera
protégé, défendu, révéré comme le vengeur de la
foi.

Ce soulèvement des esprits s'accrut encore à
l'arrivée de Pizarre. Rangés sur son passage, ses
soldats ne lui marquent ni crainte, ni confusion ;
ils le regardent d'un œil fixe, prêts à se révolter
s'il lui échappe un mot de colère ou d'emportement. Plus loin, Valverde, environné de séditieux
fanatiques, lui montre encore plus d'assurance, et,
d'un front où l'audace est peinte, soutient ses regards menaçants. Pizarre traverse la foule en gardant un morne silence. Il demande où est Ataliba.
On le conduit à sa prison ; et là, autour de ce malheureux prince, il voit un petit nombre de ses

Castillans, qui, les yeux fixés à la terre, ressemblent moins à des vainqueurs qu'à des criminels condamnés.

Ataliba, dans son malheur, gardait encore assez de fermeté pour n'avoir pas daigné se plaindre. Mais lorsqu'il voit entrer Pizarre, il se renverse, et détournant les yeux avec horreur, il le repousse, et se refuse à ses embrassements. « Tu me crois perfide et parjure, lui dit Pizarre ; mais regarde, regarde cette main déchirée et sanglante, qui t'a sauvé le coup mortel. Est-ce la main d'un ennemi ? Je t'ai enlevé de ce trône, où vingt glaives t'allaient percer ; je t'ai pris pour te dérober à des furieux que je n'avais pu désarmer, que je n'aurais pu retenir. Demande à ces guerriers si, durant ce massacre horrible, je n'ai pas fait, pour l'arrêter, les plus incroyables efforts. Que veux-tu ? que peut un seul homme ? On m'a désobéi ; on fera plus encore : tout me l'annonce, et je m'y attends. Mais jusque-là, sois sûr, malheureux prince, que je protégerai tes jours, même aux dépens des miens. »

A ces mots, l'Inca le regarde avec des yeux où la colère fait place à l'attendrissement, et il laisse échapper des larmes. « En te voyant, je t'ai aimé, lui dit-il; et mon ame, asservie à la tienne, t'a soumis jusqu'à ma pensée et jusqu'à ma volonté. Pourquoi donc m'aurais-tu trahi? pourquoi aurais-tu voulu voir massacrer des hommes paisibles, qui te recevaient comme un dieu? Non, non, tu ne l'as pas voulu. Tu pleures! Viens, embrasse-moi. Ta pitié soulage le cœur d'un malheureux qui t'aime encore. Mais dis-moi : tout est-il détruit? en est-ce fait de mon armée? J'en ai sauvé tout ce que j'ai pu, lui répondit le héros. S'il est possible, reprit l'Inca, tire-moi des mains de ces traîtres : leurs cris de joie me déchirent; leur approche me fait horreur. Épargne-moi l'affreux supplice de les entendre et de les voir. Rassasiés de sang, ils sont affamés d'or; je veux bien les en assouvir. Je m'engage, pour ma rançon, d'en remplir l'enceinte où nous sommes jusqu'à la hauteur où tu vois que mon bras s'étend. Qu'ils emportent ces richesses pernicieuses, et qu'ils nous laissent vivre en paix. »

« Ta cause est la mienne, lui dit Pizarre; et je ferai pour toi tout ce qu'on peut attendre du zèle d'un ami. Donnons à la fureur le temps de s'apaiser; et armons-nous, toi de constance, et moi de résolution. Je te laisse. Je vais prendre soin d'Alonzo, dont l'état m'afflige et m'alarme. »

Pizarre, en sortant de la prison d'Ataliba, se sentait le cœur déchiré; mais un spectacle plus cruel encore l'attendait dans le lieu où expirait Alonzo.

Avant que ce jeune homme fût revenu de la défaillance mortelle où il était tombé, on avait pansé sa blessure. Mais la douleur l'ayant ranimé, il s'était vu au milieu d'une foule de Castillans, encore fumants de carnage. Il en frémit d'horreur; et, ramassant un reste de force : « Barbares, leur dit-il, osez-vous m'approcher et me rappeler à la vie? Vous me l'avez rendue affreuse. Il est bien temps de vous montrer compâtissants et secourables, après vingt mille assassinats commis sur la foi de la paix! Les voilà, ces héros chrétiens, teints de sang, haletants de rage. O monstres fanatiques! Le ciel, le juste ciel ne laissera pas sans vengeance un si exécrable attentat. Ce n'est pas au remords, c'est à votre furie que je vous dévoue en mourant. Je vous connais. Je vois l'orgueil et l'avarice allumer entre vous les feux d'une haine infernale. Armés l'un contre l'autre, vous vous déchirerez comme des bêtes carnassières. Vous vous arracherez ces entrailles avides et ces cœurs altérés de sang, que n'ont jamais pu émouvoir ni les larmes de l'innocence, ni les cris de l'humanité. Retirez-vous, brigands infames, lâches meurtriers, laissez-moi, laissez-moi mourir. » Et à ces mots, arrachant l'appareil de sa plaie, il la déchira de ses mains.

Pizarre le trouva baigné dans son sang ; et les Castillans indignés s'éloignèrent à son approche. Alonzo lui tendit les mains, leva les yeux au ciel, comme pour implorer le pardon de sa violence, et rendit le dernier soupir.

A l'instant, Gonzale Pizarre vint parler en secret au général. « Que fais-tu là ? lui dit-il. On conspire, on va se révolter, et nommer un chef à ta place. Parais, dissipe ce complot, calme et ramène les esprits, ou nous sommes perdus. »

Pizarre vit les deux écueils qu'il fallait éviter dans ce pas dangereux, la violence et la faiblesse. Il se montra aux portes du palais, y fit assembler ses soldats, et portant sur le front une tristesse

majestueuse, il leur dit : « Castillans, vous venez
d'égorger un peuple innocent et paisible, qui se
livrait à vous, qui vous comblait de biens, qui
révérait en vous ses hôtes, et qui, renonçant à son
culte, ne demandait qu'à s'éclairer, pour embrasser le culte et la loi des chrétiens. Son roi lui avait
interdit toute hostilité envers vous. Loin d'en commettre aucune, il s'est vu massacrer sans avoir tiré
une flèche, et avant d'avoir répandu une goutte
de votre sang. Il est couché sur la poussière, à la
face du ciel, du ciel, votre juge et le sien. Le massacre de vingt mille hommes, fût-ce vingt mille
criminels, serait affreux à voir; combien plus il
doit l'être, quand ce sont vingt-mille innocents!
Leur roi vous demande pour eux la sépulture. Ac-
cordez-leur cette marque d'humanité; on ne la
refuse pas même à ses plus cruels ennemis. »

Au lieu des plaintes, des reproches, des menaces qu'on attendait d'un chef justement irrité,
ce langage si modéré fit une impression profonde.
Les soldats répondirent qu'ils ne refusaient pas d'ensevelir les morts, si ce qui restait d'Indiens dans
les villages d'alentour voulaient s'y employer avec

eux. « Ils vous aideront, dit Pizarre : demain, dans ces plaines sanglantes, ils seront assemblés au point du jour. Allez vous reposer : vous devez être fatigués de meurtre. »

Dès ce moment, tous les esprits, frappés de ce tableau funèbre, se sentirent glacés d'horreur. La nature insensiblement reprit ses droits ; et le remords se saisit du cœur des coupables.

Il ne restait dans les villages que des vieillards, des femmes, des enfants. Pizarre leur fit commander de venir, dès l'aube du jour, aider à inhumer les morts. Tous ces malheureux obéirent. Dès que la lumière naissante put éclairer les travaux de la sépulture, les Castillans virent ces femmes, ces enfants, ces vieillards, consternés et tremblants, se rendre à ce triste devoir. Leur douleur profonde et muette, leur pâleur, leur abattement, portèrent la compassion dans les ames les plus farouches. Mais lorsque leurs yeux reconnurent, dans la foule des morts, ceux qui leur étaient chers ; qu'on les vit se jeter, avec des cris perçants, sur ces corps sanglants et glacés, les serrer dans leurs bras, les arroser de leurs larmes, coller leurs bouches sanglotantes, tantôt sur les lèvres livides, tantôt sur la plaie entr'ouverte d'un époux, d'un père ou d'un fils; les meurtriers ne purent soutenir ce spectacle, sans jeter eux-mêmes des cris de douleur et de repentir. L'assassin du père embrassait les enfants; des mains trempées dans le sang du fils et de l'époux, retiraient l'épouse et la mère de la fosse où elles voulaient s'ensevelir avec eux. C'est ainsi que fut varié, durant ce jour lamentable, le long supplice du remords.

De retour à Cassamalca, les Castillans, le front baissé, les yeux attachés à la terre, le cœur abattu et flétri, se présentent devant Pizarre. « En est-ce fait? demanda-t-il, et cette malheureuse terre a-t-elle caché dans son sein jusqu'aux traces de nos fureurs? — Oui, c'en est fait. — Eh bien, reprit le général, hommes insensés et cruels, vous l'avez donc vu ce carnage dont la nature a dû frémir? C'est vous qui l'avez fait... Mais non, s'écria-t-il, ce crime abominable, le plus noir et le plus atroce qu'ait jamais inspiré la rage des enfers, ce n'est pas vous que j'en accuse; en voilà l'exécrable auteur. C'est lui, c'est ce tigre affamé, cette ame hypocrite et féroce, c'est Valverde, qui, par vos mains, a versé des torrents de sang. Apprenez qu'au moment qu'il vous criait vengeance au nom d'un dieu qu'on outrageait, disait-il, ce peuple et son roi l'adoraient avec nous, ce dieu, et tressaillaient en écoutant les merveilles de sa puissance. Je vous le jure, et j'en atteste ces guerriers qui m'accompagnaient. Ils ont entendu quel hommage lui rendait le vertueux prince que ce fourbe a calomnié. Chargez-le donc seul des forfaits dont son imposture est la cause; et, comme une victime impure, qu'il aille, loin de nous, dans quelque île déserte, expier, s'il le peut, vingt mille assassinats dont le traître a souillé vos mains. Que les vautours et les vipères rongent ce cœur dénaturé, ce cœur digne de les nourrir. »

Valverde alors voulut parler et se défendre. « Misérable! lui dit Pizarre en le saisissant avec force et en le traînant à ses pieds, viens, parle, et dis si tu espérais qu'un roi qui ne t'a jamais vu, comprît ce que toi-même tu ne saurais comprendre, et que, sur ta parole, il crût aveuglément ce qui confondait sa raison. Ton livre était sacré pour toi ; mais comment aurait-il pu l'être pour celui qui ne sait, ni quel est, ni d'où vient, ni ce que renferme ce livre ? Il le laisse tomber ; et, pour cet accident, hélas ! peut-être involontaire, tu fais égorger tout un peuple ! et je t'entends, au milieu du carnage, crier, Qu'il n'en échappe aucun ! Va, monstre, je te laisse, pour ton supplice, une vie odieuse ; mais va la traîner loin de nous, en horreur au ciel, à la terre, et à toi-même, s'il te reste un cœur capable de remords. » A ces mots, prononcés du ton d'un juge inexorable, les plus hardis des amis de Valverde n'osèrent prendre sa défense. On le saisit pâle et tremblant ; et l'ordre à l'instant fut donné pour s'en délivrer à jamais.

« Enfin, reprit le général, nous voilà rendus à nous-mêmes ; et la raison, l'humanité, la gloire, vont présider à nos conseils. Le roi demande à payer sa rançon ; et vous serez épouvantés du monceau d'or qu'il offre de faire accumuler dans la prison qui le renferme. Castillans, je vous l'ai promis : vos vaisseaux s'en retourneront chargés de richesses immenses. Mais, au nom du dieu qui nous juge, au nom du roi que nous servons, plus de

cruautés : faisons grace au moins à des peuples
soumis. »

Dès-lors on ne fut occupé que des promesses
d'Ataliba. Ce roi, conservant dans les fers une égalité d'ame qui tenait le milieu entre l'orgueil et la
bassesse, commandait à ses peuples du fond de sa
prison ; et ses peuples lui obéissaient, comme s'il
eût été sur le trône. De toutes parts on les voyait
arriver à Cassamalca, les uns courbés sous le poids
de l'or dont ils avaient dépouillé les palais et les
temples ; les autres, portant dans leurs mains les
grains de ce métal qu'ils avaient amassés, et dont
leurs femmes et leurs enfants se paraient aux jours
solennels. Sur le seuil du palais où leur roi était
enfermé, ils quittaient leurs sandales, ils baisaient
la poussière à la porte de sa prison ; et, en dépo-
sant leur fardeau, ils se prosternaient à ses pieds,
et ils les arrosaient de larmes. Il semblait que le
malheur même le leur eût rendu plus sacré.

On avait tracé une ligne à la hauteur des murs
où devait s'élever le monceau d'or qu'il avait promis ; et, quelque amas qu'on en eût fait, il s'en
fallait encore que l'espace ne fût comblé. Le roi

s'aperçut des murmures que l'avarice impatiente laissait échapper devant lui. Il représenta qu'il était impossible de faire plus de diligence; que l'éloignement de Cusco (1) était la cause inévitable des lenteurs dont on se plaignait; mais que cette ville avait seule de quoi acquitter sa promesse. On y envoya deux Castillans (2), pour savoir s'il en imposait; et ce fut dans cet intervalle qu'une révolution funeste acheva de précipiter les Indiens dans le malheur, et les Castillans dans le crime.

(1) Deux cent cinquante lieues.
(2) Soto, et Pierre de Varco.

CHAPITRE LI.

ALMAGRE, avec de nouvelles forces, venait de Panama au secours de Pizarre. En débarquant (1), il avait appris le désastre des Indiens, et tels qu'on voit les restes d'une meute affamée, au son du cor qui leur annonce que le cerf est aux abois, oublier la fatigue et redoubler leur course, haletants de joie et d'ardeur; tels, pour avoir part à la proie, Almagre et ses compagnons s'avançaient vers Cassamalca. Sur sa route, il rencontre ce fourbe fanatique, Valverde, qu'une sûre escorte remmenait au port de Rimac. L'état où il le voyait réduit excita sa compassion; et il lui demanda quel crime avait pu causer sa disgrace. « Le zèle qui fait les martyrs, » répondit le perfide avec cet air simple et tranquille qui annonce la paix du

---

(1) *A puerto viejo*. Vieux port.

cœur. Il ajouta que si Almagre voulait l'entendre, il le prenait pour juge, bien sûr d'être innocent et même louable à ses yeux.

Impatient d'en tirer des lumières utiles à ses intérêts, Almagre demanda, et il obtint sans peine qu'on permît à ce malheureux de lui parler un moment sans témoins; et tandis que l'escorte et la nouvelle troupe se livraient à la joie de se trouver ensemble dans un pays dont la conquête les enrichirait à jamais, Valverde, assis auprès d'Almagre, sous l'ombrage d'un vieux cyprès, lui communiquait en ces mots le poison des furies, dont lui-même il était rempli.

« Fidèle et généreux ami du plus ambitieux des hommes, ses succès, et sa gloire, et son élévation, et l'autorité qu'il exerce, et la faveur dont il jouit, il vous doit tout : votre fortune s'est épuisée à lui armer des flottes; votre courage a soutenu, a relevé le sien, que lassaient les obstacles et que rebutait le malheur. Nous vous avons vu, à travers les tempêtes et les écueils, passer, repasser sans relâche du port de Panama sur ces bords dangereux, où, sans vous, il allait périr; et, par des secours imprévus, nous rendre à tous la vie et l'espérance. Sans vous, il n'eût été célèbre que par une imprudence aveugle, ou plutôt il serait encore dans sa première obscurité. Vous allez voir quelle reconnaissance il réserve à tant de bienfaits. Il a été à la cour d'Espagne; il a obtenu de l'empereur les grâces les plus signalées, les honneurs les plus éclatants; mais pour qui? pour lui seul. Avez-vous vu ses titres? y êtes-vous seulement nommé? A-t-il pensé à demander son ami, son associé, le créateur de sa fortune, au moins pour commander sous lui? Ce n'est pas oubli : non, Pizarre ne vous a point oublié, il vous craint. Il veut régner; et un lieutenant tel que vous eût gêné son ambition, et peut-être obscurci sa gloire. Apprenez ce qu'il a grand soin de dérober à tous les yeux, mais ce que j'ai su découvrir. L'étendue de sa puissance, dans ces climats, n'est pas sans bornes; et ses titres ne lui accordent que la moitié de cet empire, coupé en deux par l'équateur. La ville impériale, la superbe Cusco, est au-delà de ses limites; et le premier qui oserait lui en disputer la conquête, y aurait autant de droits que lui.

Pizarre l'a prévu; et sur le vain prétexte de la rançon d'un roi son allié, qu'il feint de tenir prisonnier dans les murs de Cassamalca, il fait enlever de Cusco tous les trésors qu'elle renferme. Allez, Almagre, allez le trouver; mais sur-tout gardez-vous de lui rappeler ni vos bienfaits, ni ses promesses; gardez-vous de prétendre au partage de l'or qu'il fait accumuler : c'est la rançon d'un Indien que, sans vous, on a fait captif : vous n'avez point droit au partage; et Pizarre l'a déclaré. »

A ces mots, l'orgueil et l'envie s'allumèrent dans le cœur d'Almagre. Mais il feignit de douter encore que son ami pût être ingrat. « Comment ne trahirait-il pas l'amitié, la reconnaissance? reprit le fourbe; il trahit bien son roi, sa patrie, et son Dieu. » Alors il répéta toutes les calomnies dont il avait chargé le héros castillan. « Et savez-vous, ajouta-t-il, quel est ce roi, l'ami, l'allié de Pizarre? Un usurpateur, un perfide qui a fait égorger sans pitié toute la race des Incas, qui s'est baigné dans le sang des peuples de Cusco, a chassé son frère du trône, l'a fait charger de chaînes, et le tient enfermé dans la plus étroite prison. C'est là ce que nous ont appris les Indiens de ces vallées, qui, sous le joug d'Ataliba, pleurent le malheur de leur roi. — Et où est la prison de ce roi? lui demanda l'ambitieux Almagre. — Elle est, répond Valverde, dans le fort de Cannare, ville située sur la route de Quito à Cassamalca. — Allez, c'est assez, dit Almagre : rendez-vous au port de Rimac. Vous n'en partirez point sans y avoir reçu des marques de reconnaissance d'un homme qui hait les ingrats, et qui ne le sera jamais. »

Almagre, qui, dès ce moment, devint le plus mortel ennemi de Pizarre, vit que la délivrance de l'Inca de Cusco était pour lui un moyen sûr et prompt de se faire un parti puissant, et d'enlever à son rival la plus belle moitié de sa conquête. Il prit sa route vers Cannare, où la nouvelle du massacre des Indiens avait répandu la terreur. Il voit les peuples, à son approche, s'enfuir épouvantés; il attaque le fort, et menace de ravager, d'exterminer tout sans pitié, si l'on refuse, à l'instant même, de lui livrer l'Inca, roi de Cusco, qu'il prend, dit-il, sous sa défense.

Quoique réduit au désespoir, l'intrépide Corambé répond avec fierté, qu'Ataliba respire encore, et qu'il n'obéira qu'à lui.

Alors on fit tonner l'artillerie, et les portes de la citadelle commencèrent à s'ébranler. A ce bruit, à l'effroi qu'il répand dans les murs, le farouche Huascar s'écrie, transporté de joie et de rage : « Les voilà, mes vengeurs ! qu'il meure, au prix de ma couronne, qu'il meure, le perfide, le sanguinaire Ataliba. » Corambé l'entendit ; et rendu furieux par l'excès du malheur : « Toi, qui préfères, lui dit-il, l'oppression de ces brigands à l'amitié de ton frère, et la ruine de ton pays à la paix qui l'aurait sauvé, cruel, tu ne jouiras point de ton implacable vengeance. » A ces mots, de la hache dont il était armé, il lui porta le coup mortel.

A peine il eut frappé, que, voyant Huascar se débattre à ses pieds et se rouler dans une sanglante poussière, il s'effraya du crime qu'il venait de commettre. Éperdu, égaré, il s'éloigne, il commande à ses Indiens de le suivre, et se jette en désespéré dans le bataillon ennemi. Il fut bientôt percé de coups; mais, en cherchant la mort, il s'ouvrit un passage; et le plus grand nombre des siens put s'échapper. Quelques-uns furent pris vivants.

Almagre, impatient d'enlever Huascar, se jeta dans le fort; il y trouva ce roi massacré, baigné dans son sang, luttant contre une mort cruelle, et qui, par des rugissements de douleur et de rage, lui demandait vengeance. Il le vit expirer; il en fut outré de douleur; et, perdant l'espérance de diviser l'empire, il résolut, dès ce moment, d'ôter à son rival l'appui d'Ataliba, l'appui d'un roi qui, dans les fers, commandait encore à ses peuples. Il fit donc enlever et porter à sa suite le corps de l'Inca de Cusco, et se rendit à Cassamalca.

Pizarre le reçut avec l'empressement de l'amitié reconnaissante. Mais à ce mouvement de joie succède un mouvement d'horreur, lorsqu'au milieu des Castillans, aux yeux d'Ataliba lui-même, Almagre fait lever le voile qui couvre le corps d'Huascar. « Le reconnais-tu ? » lui dit-il du ton d'un juge menaçant. Ataliba regarde; il frémit,

il recule épouvanté; et jetant un cri de douleur:
« O mon frère! dit-il, le glaive impitoyable n'a
donc rien épargné! ils massacrent les rois! » A
ces mots, soit tendresse, soit retour sur lui-même
et pressentiment de son sort, il ne peut retenir
ses larmes; les sanglots lui étouffent la voix. « Tu
le pleures, lui dit Almagre, après l'avoir assassiné! — Moi! — Toi-même, perfide, et par la
main d'un traître, qui, poursuivi par les remords,
est venu tomber sous nos coups. Pizarre, ajouta-
t-il, vous l'avez oublié, ce roi, dont les sujets
fidèles étaient venus jusqu'à Tumbès vous implorer; et cependant son ennemi, le meurtrier de sa
famille et de ses peuples, du fond de sa prison,
l'a fait assassiner. J'ai su le danger qu'il courait,
et j'ai volé à sa défense. Je n'ai fait que hâter sa
perte; et le barbare Ataliba n'a été que trop bien
servi. »

« O céleste justice! s'écrie Ataliba, révolté de
se voir chargé d'un parricide. Moi! l'assassin d'un
frère! Ah! cruels! c'est à vous que sont réservés
ces grands crimes. C'est pour vous que rien n'est
sacré. Il ne vous manquait plus que ce dernier

trait de noirceur. Vous m'avez lâchement trompé;
vous m'avez attiré dans un piége effroyable; vous
avez violé la bonne foi, la paix, l'hospitalité, l'a-
mitié, tout ce qu'il y a de plus saint, même parmi
les plus cruels des hommes; vous avez égorgé mes
peuples; vous m'avez chargé de liens; vous avez
mis à prix ma liberté, mes jours : n'en est-ce point
assez? Ni les pleurs, ni le sang, ni l'or, rien n'as-
souvit donc votre rage! Pour me porter un coup
plus cruel que la mort, vous m'accusez d'un parricide! Eh, grand Dieu! que vous ai-je fait, que
du bien, dans le moment même que vous nous ac-
cabliez de maux? Que me demandez-vous encore?
Est-ce mon sang que vous voulez? Il est à vous.
Trempez-y vos mains, j'y consens; mais qu'avez-
vous besoin de me trouver coupable? Je suis faible, je suis enchaîné, sans défense, abandonné
du monde entier; nous n'avons que le ciel pour
juge, et le ciel me laisse accabler. Frappez. Vous
n'avez ni témoins ni vengeurs à craindre. Frappez.
Terminez mes malheurs; mais épargnez mon innocence. Percez ce cœur, sans l'outrager. »

Ces mots, entrecoupés de larmes, avaient ému

les Castillans, lorsque Almagre fit avancer les Indiens qu'on avait pris, et qui attestaient le parricide. Ces malheureux tremblaient; ils gardaient
le silence; ils ne savaient s'ils devaient dire ou
taire ce qu'ils avaient vu : mais, forcés par leur
roi lui-même de parler sans déguisement, ils
avouèrent que leur chef, le lieutenant d'Ataliba
et le gardien d'Huascar, se voyant pressé de le
rendre, l'avait tué de sa main. Il n'en fallut pas
davantage : et la calomnie, appuyée des apparences d'un complot, fit croire ce qu'elle voulut.
Intimidés par les menaces, ces mêmes Indiens
laissèrent échapper quelques mots que l'on expli-
qua dans le sens le plus odieux; et d'un soupçon
d'intelligence entre les Indiens de Cannare et leur
roi, on fit une preuve formelle de la plus noire
trahison. Ataliba fut convaincu, dans l'esprit de
la multitude, d'avoir conspiré sourdement contre
les Castillans eux-mêmes; et cent voix s'élevèrent
pour demander sa mort.

Pizarre, qui voyait, à travers ces nuages, l'innocence d'Ataliba, eut encore, avec ses amis, le
courage de le défendre; mais la haine et l'envie en

prirent avantage pour réveiller dans les esprits les soupçons que Valverde avait déja fait naître ; et dans ce zèle généreux on crut voir l'intérêt se déceler lui-même, et l'ambition se trahir.

A la tête des factieux était Alfonce de Requelme (1), fanatique sombre et farouche, de meilleure foi que Valverde, mais non moins violent que lui. Almagre, plus dissimulé, ne se déclarait pas de même. Il gémissait avec Pizarre du trouble qu'il avait causé, et se reprochait, disait-il, une imprudence malheureuse. Mais Pizarre, à travers sa dissimulation, s'aperçut trop bien que le fourbe triomphait au fond de son cœur.

Cependant le trouble, en croissant, allait allumer la discorde. Ataliba lui-même en excitait les feux par la fierté de sa défense et l'amertume des reproches dont il accablait ses tyrans. Cruellement blessé, son cœur avait repris le ressort que donne au courage l'injure portée à l'excès. Il n'écoutait plus ses amis, qui l'exhortaient à la patience. « Ah! j'ai trop souffert, disait-il ; et pourquoi dis-

____

(1) Trésorier pour l'empereur.

simulerais-je? Si la douceur pouvait toucher ces cœurs farouches, ne seraient-ils pas amollis? Pizarre, ils veulent que je meure, ils veulent perdre ton ami : je le vois. Mais il est indigne de la vertu calomniée de baisser un front suppliant. »

Trop faible, au milieu d'une troupe de factieux déterminés, pour imposer par la menace, Pizarre se faisait violence à lui-même; et semblable au pilote surpris par la tempête dans un détroit semé d'écueils, tantôt cédant, tantôt résistant à l'orage, il évitait de se briser. La hauteur ferme et courageuse d'Ataliba, et plus encore l'imprudente chaleur dont le jeune Fernand embrassait la défense de ce malheureux prince, ne faisaient qu'aigrir les esprits. Pizarre commença par éloigner Fernand. Ce fut lui qu'il choisit pour aller en Espagne porter la rançon de l'Inca. Le partage en fut annoncé; et il fallut savoir si la troupe d'Almagre serait admise à ce partage. Pizarre le propose. Une rumeur s'élève; et on déclare hautement que, n'ayant pas contribué à la conquête, il n'est pas juste qu'elle en vienne usurper les fruits.

Almagre vit qu'il allait perdre ses nouveaux

partisans, s'il disputait la proie. « Dissimulons,
dit-il aux siens; car c'est un piége qu'on nous
tend. » Aussi-tôt il prit la parole, et dit qu'ils re-
naient partager des travaux, non pas des dépouilles; et que, dans un pays immense où germait l'or, l'or ne méritait pas de diviser des hommes que l'estime, l'honneur, le devoir, unissaient.
Le perfide, avec ce langage, eut l'art de tout pa-
cifier. Il s'attacha de plus en plus, par sa modération feinte, un parti nombreux et puissant; et
Pizarre, perdant l'espoir de l'affaiblir, chercha,
mais inutilement, à le gaguer par des largesses (1).
Il fit peser l'or et l'argent qu'on avait entassés, il
les distribua; son armée en fut enrichie. La part (2)
qu'il avait réservée à l'empereur, fut envoyée au
port où Fernand devait s'embarquer; et Fernand,

---

(1) Zarate assure que Pizarre fit donner à chacun des Espagnols qui accompagnaient Almagre, mille *pesos* d'or, ou
vingt onces. Benzoni dit *cinq cents ducats aux uns, et à d'autres
mille. A tal cinque cento, e a tal mille ducati.*

(2) Le quint.

pressé de s'y rendre, vint, la tristesse dans l'ame, prendre congé d'Ataliba.

Il avait conçu pour l'Inca cette amitié noble et tendre que la vertu dans le malheur inspire aux ames généreuses : doux appui que le ciel ménage quelquefois à l'homme juste qu'on opprime, pour l'aider à porter le poids de l'accablante adversité. « Je viens te dire adieu ; l'on m'envoie en Espagne : mon devoir m'éloigne de toi, lui dit-il ; mais j'emporte avec moi l'espérance de te servir, de te revoir, libre, justifié, rétabli sur le trône, et d'y embrasser un héros que j'ai respecté dans les fers. — Ah ! généreux ami ! lui dit Ataliba en l'enveloppant dans ses chaines et en le serrant dans ses bras, vous me quittez ! je suis perdu. — Eh quoi ! lui dit Fernand, mes frères, nos amis ! — Ils n'auront pas votre courage ; et Pizarre, pour me sauver, ne s'exposera pas à se perdre avec moi. Voyez, ajouta-t-il, cet homme arrogant et superbe, qui parait engraissé de sang (c'était Alfonce de Requelme), et cet autre qui d'un œil morne nous observe (c'était Almagre); ils n'attendent que votre absence pour me faire périr. Nous ne nous verrons plus. Adieu, pour la dernière fois.

CHAPITRE LII.

Après de si tristes adieux, Fernand se rendit à Rimac. Il y trouva l'implacable Valverde, qui, sous les dehors d'une humilité volontaire, déguisait sa honte et sa rage. Il parut aux yeux de Fernand. « Trop de zèle a pu m'égarer, lui dit-il; je dois expier tous les maux dont je suis la cause; et quand vous m'aurez exposé, dans une île déserte, aux animaux voraces, je ne serai pas trop puni. Que le ciel me donne la force d'expirer sans me plaindre, et je vous bénirai. Mais si cette force me manque, et si le désespoir se saisit de mon ame, elle est perdue. Ah! laissez-moi la sauver par la pénitence. Qu'avez-vous à craindre de moi? Proscrit, abandonné, quand je serais méchant, j'ai perdu le pouvoir de nuire. La grace que j'implore est d'expier mon crime par les plus pénibles travaux; d'aller parmi les Indiens les plus sauvages de ces bords, répandre au moins quelque lumière, quelque semence de la foi. Je ne veux que mourir martyr. » A ces mots, de perfides larmes coulaient de ses yeux hypocrites.

Le jeune homme, simple et crédule, comme tous les cœurs généreux, se laissa toucher et séduire. Il lui rendit la liberté ; et le tigre, en rompant sa chaîne, frémit de joie et de fureur.

Les richesses prodigieuses que l'on venait de partager n'étaient qu'une faible partie de la rançon d'Ataliba (1). Pour remplir sa promesse, on allait enlever cet amas incroyable d'or que la florissante Cusco avait vu, pendant onze règnes, s'accumuler dans le palais des rois et dans le temple du soleil. Almagre en frémissait de rage. Cette ville superbe, sur laquelle est fondée son espérance ambitieuse, sera ruinée à jamais; et quand la rançon de l'Inca n'épuiserait pas ces richesses, Pizarre en disposerait seul, tant que ce roi serait vivant. Ce fut là le grand intérêt qui fit solliciter sa perte, et la presser avec ardeur.

---

(1) La cinquième partie.

D'abord, par de feintes promesses d'user d'indulgence envers lui, on voulut l'engager à faire l'aveu de son crime, pour en obtenir le pardon. Mais ce malheureux prince conservant dans les fers la noble fierté de son sang : « C'est aux criminels qu'on pardonne, dit-il, et je suis innocent. » On lui parla de la clémence du prince au nom duquel on allait le juger. « Il en aura besoin, dit-il, pour pardonner ma mort à mes accusateurs ; mais envers un roi son égal, qui ne l'a jamais offensé, sa clémence lui est inutile. Qu'il soit juste ; et je ne crains rien. »

A des esprits frappés de la persuasion que son crime était manifeste, cet orgueil parut révoltant. On s'écria qu'il fût jugé, puisqu'il avait l'audace de demander à l'être ; et ce fut alors que Pizarre fit les plus généreux efforts pour le sauver. Il exposa que le conseil établi dans son camp n'était pas fait pour juger les rois ; qu'un lieutenant d'Ataliba avait pu croire le servir, en se chargeant, pour lui, d'un parricide, sans que ce prince en fût instruit, sans qu'il y eût donné son aveu ; qu'on avait pu de même, à son insu, vouloir tenter sa délivrance, et que, loin d'être criminel, ce zèle était juste et louable; que la conduite de l'Inca, pleine de dignité, de candeur, de droiture, ne laissait aucune apparence aux soupçons qui l'avaient noirci; mais que, fût-il coupable, c'était à l'empereur qu'il était réservé de lui donner des juges, et qu'il réclamait en son nom ce privilége auguste et saint. Il ajouta que, dans ses lettres à l'empereur, il l'informait de tout ce qui s'était passé; qu'il lui déférait cette cause; qu'il attendrait sa volonté, et que tout serait suspendu jusqu'au retour de Fernand.

Requelme alors prit la parole. « Vous allez informer l'empereur, lui dit-il; et de quoi? de votre opinion, sans doute, et de celle d'un petit nombre de vos amis, qui, comme vous, ont pu se laisser abuser? Est-ce donc ainsi, Pizarre, que doit s'instruire une si grande cause? Et moi, je demande que le conseil entende et juge Ataliba, et que le procès, revêtu de l'authenticité des lois, soit déféré au tribunal suprême, où sera décidé le sort de cet usurpateur, que vous appelez roi. »

Cet avis parut sage et modéré au plus grand

nombre; et Pizarre, voyant que ses amis eux-mêmes penchaient à le suivre, y céda. Mais comme il avait éprouvé que la nature avait encore des droits sur les cœurs qu'il voulait fléchir, il pensa qu'il fallait d'abord les émouvoir; et, sous un prétexte apparent de prudence et de sûreté, il fit venir de Riobamba la famille du roi captif, pour les rassembler tous dans la même prison.

Ce fut un spectacle, en effet, bien digne de compassion, que de voir ces enfants, ces femmes arriver, chargés de liens, au palais de Cassamalca. L'innocence dans le malheur est toujours si intéressante! Mais lorsque, sur le front des malheureux, il reste quelque trace de gloire, et qu'on voit dans l'abaissement les objets de l'hommage et de la vénération des mortels, le malheur paraît plus injuste, parce qu'il est plus accablant. Aussi la première impression de la pitié, à cette vue, fut-elle sensible et profonde dans l'esprit de la multitude.

On les voyait, ces illustres captifs, tristes, abattus, gémissants, les yeux baissés et pleins de larmes; on les voyait s'avancer à pas lents dans ces campagnes désolées et toutes fumantes encore du sang qu'on y avait répandu. La compagne d'Aciloé, Cora, ne pleurait point : une pâleur mortelle était répandue sur son visage ; et le feu sombre et dévorant dont ses yeux étaient allumés, avait tari la source de ses larmes. Ses regards, tantôt fixes et tantôt égarés, cherchaient, dans ces plaines funèbres, l'ombre errante de son époux. « Où est-il mort ? En quel lieu repose mon cher Alonzo ? disait-elle. En quel lieu s'est fait le carnage de ceux qui gardaient notre roi ? » Un Indien lui répondit : « Vous y touchez. C'est là, dans ce lieu même, qu'était le trône de l'Inca ; c'est là qu'autour de lui tous ses amis sont morts ; c'est là qu'ils sont ensevelis. Alonzo était à leur tête ; et cette petite éminence que vous voyez, c'est son tombeau. » A ces mots, qui percent le cœur de la tendre épouse d'Alonzo, un cri déchirant part du fond de ses entrailles. Elle se précipite, elle tombe égarée sur cette terre humide encore, que l'herbe n'avait pas couverte, elle l'embrasse avec l'amour dont elle eût embrassé le corps de son époux ; elle résiste au soin qu'on prend de l'arracher de ce tombeau ; et lorsqu'on veut lui faire violence, il semble, à ses cris douloureux, qu'on va lui déchirer le cœur. Enfin, l'excès de la douleur rompant les nœuds dont la nature retenait encore dans ses flancs le fruit d'un malheureux amour, elle expire en devenant mère. Mais cet accès de désespoir n'a pas été mortel pour elle seule ; et l'enfant qu'elle a mis au monde en est frappé. Il s'éteint, sans ouvrir les yeux à la lumière, sans avoir senti ses malheurs.

La constance d'Ataliba avait, jusque-là, dédaigné d'adoucir ses persécuteurs ; mais cette ame, que l'infortune avait élevée, affermie, et dont la tranquille fierté défiait les revers, s'abattit tout-à-coup, lorsque, dans sa prison, il vit ses femmes, ses enfants, chargés de chaînes comme lui, se jeter dans ses bras, tomber en foule à ses genoux. Il se trouble, ses yeux se remplissent de larmes ; il reçoit dans son sein, avec une douleur profonde, ses épouses et ses enfants ; il mêle ses soupirs à leur plainte ; il oublie que sa faiblesse a pour témoins ses ennemis ; ou plutôt il ne rougit point de se montrer époux et père.

Pizarre, observant dans les yeux de ses compagnons attendris la même compassion qu'il éprouvait lui-même, s'en applaudit, et d'autant plus, qu'il voyait aussi tomber l'orgueil d'Ataliba; mais, pour donner à son courage le temps de s'amollir encore, il ordonna qu'on le laissât seul avec ses femmes et ses enfants.

Ce fut alors que la nature abandonnée à elle-même donna un libre cours à tous les mouvements de la douleur et de l'amour. Baigné d'un déluge de larmes, Ataliba voit ses enfants l'environner, baiser ses chaînes, demander quel mal ils ont fait, quel est le crime de leurs mères, et si c'est pour mourir ensemble qu'on les a réunis? Tendre époux et bon père, il jette un regard languissant sur sa famille désolée; et son cœur oppressé de douleur, de pitié, de crainte, ne répond que par des sanglots.

« Le ciel est ouvert, dit Lahorie ..... À l'instant il fait un signe, et le livre fatal étouffe les derniers soupirs de l'heure .

(Lucthanie T. II. (Page 53.)

CHAPITRE LIII.

Le jour fatal arrive, et le conseil est assemblé. Il était formé des plus anciens et des plus élevés en grade parmi les guerriers castillans. Pizarre y présidait ; mais Almagre et Requelme étaient assis à ses côtés. Un silence terrible régnait dans l'assemblée. On fait paraître Ataliba, on l'interroge ; et il répond avec cette noble candeur qui accompagne l'innocence. On lui rappelle le massacre de la famille des Incas ; on lui oppose les témoins du meurtre du roi de Cusco, et du projet formé pour l'enlever lui-même du palais de Cassamalca. La vérité fait sa défense. Il leur expose en peu de mots la cause et les malheurs de la guerre civile, ce qu'il a fait pour désarmer l'inflexible orgueil de son frère ; ce qu'il a fait pour l'apaiser, même depuis qu'il l'a vaincu. « Si j'avais pu vouloir sa mort, dit-il, c'est lorsqu'il soulevait ses peuples contre moi, et que, du fond de sa prison, il rallumait les feux d'une guerre impie et funeste; c'est alors que ce crime, utile à ma grandeur et au repos de cet empire, aurait dû me tenter. Je n'ai point méconnu mon sang, je n'ai point voulu le répandre; et si, dans les combats, sans moi, loin de moi, malgré moi, l'aveugle ardeur de mes soldats n'a rien épargné, c'est le crime de celui qui, pour ma défense, m'a forcé de leur mettre les armes à la main. Castillans, ma victoire m'a coûté plus de larmes que tous les malheurs que j'éprouve ne m'en feront jamais verser. Voyez, poursuivit-il, si j'ai rendu mon règne odieux à mes peuples. Je suis tombé du trône; mon sceptre est brisé; tous mes amis sont morts; je suis seul dans les chaînes, avec des femmes et des enfants; on n'a plus rien à craindre, à espérer de moi. C'est là, c'est dans l'extrémité du malheur et de la faiblesse, qu'on peut discerner un bon roi d'avec un tyran; c'est alors qu'éclate la haine publique, ou que se signale l'amour. Voyez donc ce que j'ai laissé dans les cœurs, et si c'est ainsi qu'on traite un méchant, un coupable. Ce respect si tendre et si pur, cette fidélité constante, cette obéissance à-la-fois si profonde et si voloutaire, enfin cet amour de mes peuples envers un malheureux captif, voilà mes témoignages contre la calomnie; et je vous demande à vous-mêmes si ce triomphe est réservé pour le crime ou pour la vertu? Ce moment, juge de ma vie, est sous vos yeux; et j'en appelle à lui. Non, quoi que l'on vous dise, vous ne croirez jamais que celui qui de sa prison, dans l'indigne état où je suis, fait encore adorer sa volonté sans force, et voit ses peuples prosternés venir, en lui obéissant, arroser ses chaînes de larmes, ait été, sur le trône, injuste et sanguinaire. Vous m'avez connu dans les fers tel que l'on m'a vu sur le trône, simple et vrai, sensible à l'injure, mais plus sensible à l'amitié. On m'accuse d'avoir tenté ma délivrance et voulu soulever mes peuples contre vous! Je n'en ai pas eu la pensée; mais si je l'avais eue, m'en feriez-vous un crime? Regardez ces plaines sanglantes; voyez les chaînes dont vous avez flétri les mains innocentes d'un roi; et jugez si, pour me sauver, tout n'eût pas été légitime? Ah! vous n'avez que trop justifié vous-mêmes ce que le désespoir aurait pu m'inspirer. Cependant, j'atteste le ciel que Pizarre m'ayant donné sa parole et la vôtre de m'accorder la vie, de me rendre la liberté, de faire épargner ma famille, et de laisser en paix le reste de mes peuples infortunés, j'ai mis en lui mon espérance, et ne me suis plus occupé qu'à faire amasser l'or promis pour ma rançon. Mon Dieu, qui sans doute est le vôtre, lit dans mon cœur, et m'est témoin que je vous dis la vérité. Mais si c'est peu de l'innocence, pour vous toucher, voyez mes malheurs. Je suis père, je suis époux, et je suis roi. Jugez des peines de mon cœur. Vous m'avez voulu voir suppliant ; je le suis, et j'apporte à vos pieds les larmes de mes peuples, de mes faibles enfants, de leurs sensibles mères. Ceux-là du moins sont innocents. »

Ce langage simple et touchant attendrit quelques-uns des juges ; et Pizarre ne douta point qu'il ne les eût persuadés. On fit sortir Ataliba ; et, les juges s'étant levés, on recueillit les voix... Quelle fut la surprise de Pizarre et de ses amis, en entendant que le plus grand nombre opinait à la mort ! Aussitôt ils réclament contre cette sentence inique, et ils rappellent au conseil la parole qu'il a donnée de renvoyer la cause, après l'avoir instruite, au tribunal de l'empereur. Requelme l'avait proposé; tout le conseil y avait souscrit; aucun n'osait désavouer ce consentement unanime; et Ataliba condamné avait du moins l'espérance de passer en Espagne, et d'y être entendu et jugé par un roi. Mais la noire furie qui poursuivait ses jours, n'eut garde de lâcher sa proie.

Valverde, échappé de sa chaine et mis en liberté, revient, la rage au fond du cœur, se déguise, et entre, inconnu, au milieu d'une nuit obscure, dans les murs de Cassamalca. C'était l'heure où Almagre, avec ses partisans, formait ses complots ténébreux. Le fourbe paraît à leur vue.

« Amis, dit-il, reconnaissez la fidélité des promesses de celui qui a dit au juste : *Tu fouleras aux pieds l'aspic et le lion.* Vous m'avez vu chargé de chaînes, proscrit, envoyé sur la flotte pour être abandonné dans quelque île déserte, où je serais la proie des animaux voraces; me voilà au milieu de vous. Dieu a rompu les pièges du méchant; il s'est joué des conseils de l'impie; il a

tendu la main au faible, innocent et persécuté.
Mais vous, guerriers, qu'il a choisis pour défendre sa cause, et qu'il a revêtus de force et de courage pour le venger, que faites-vous? Vous con-
sentez que Pizarre envoie en Espagne un tyran,
son ami, votre accusateur; celui qui peut, par ses
richesses, gagner la cour et le conseil; celui qui,
s'il est écouté, vous dénoncera tous comme de
vils brigands, comme de lâches assassins, faits
pour le meurtre et la rapine, sans foi, sans pudeur, sans pitié, indignes du nom d'hommes et
du nom de chrétiens! Y pensez-vous? Et de quel
droit dérober le crime au supplice? Cet usurpateur,
ce tyran, ce parricide est convaincu; il est jugé;
pourquoi ne pas exécuter la sentence qui le condamne? Qu'il meure; et tout est consommé.

L'atrocité de ce conseil étonna les plus intrépides. Mais Valverde, sans leur donner le temps
de balancer: « Il y va, leur dit-il, et de la vie et
de l'honneur. Il y va de bien plus, il y va de la
gloire de la religion, des intérêts du ciel; et le
Dieu vengeur qui m'envoie, vous défend de dé-
libérer. Pizarre dort, tout est tranquille; et Ro-

quelme, par qui le procès est instruit, a droit de voir Ataliba, de l'interroger à toute heure ; qu'il me fasse ouvrir la prison ; je ne veux, avec lui et moi, que deux hommes déterminés. »

L'importance du crime en fit disparaître l'horreur ; et par un silence coupable on consentit, en frémissant, à ce qu'on n'osait approuver. Alors, d'une voix radoucie, Valverde reprit la parole. « En ôtant la vie à un infidèle, dit-il, amis, ne perdons pas de vue le soin de son salut. Je veux, en le purifiant dans les eaux saintes du baptême, lui rendre à lui-même sa mort précieuse autant qu'elle est juste, et sanctifier l'homicide qui nous est prescrit par la loi. »

La famille d'Ataliba, les yeux épuisés de larmes et le cœur lassé de sanglots, dormait alors autour de lui. Mais ce prince, agité de funestes pressentiments, n'avait pu fermer la paupière. Il entend ouvrir sa prison. Il voit entrer Requelme, et avec lui trois hommes enveloppés de longs manteaux, qui ne laissent voir que leurs yeux, dont le regard lui semble atroce. Un mouvement d'effroi le saisit ; il se lève, et, surmontant cette faiblesse, il vient

au-devant d'eux. « Inca, lui dit Requelme, éloi-
gnons-nous : n'éveillons point ces femmes et ces
enfants. Il est bien juste que l'innocence repose
en paix. Écoutez-nous. Vous êtes jugé, condamné.
Le feu serait votre supplice, suivant la rigueur
de la loi. Mais il dépend de vous de vous sauver
des flammes; et cet homme religieux, que vous
allez entendre, vient vous en offrir un moyen. »

Le prince l'écoute et pâlit. « Je sais, dit-il, que
le conseil a prononcé; mais ne doit-on pas m'en-
voyer à la cour d'Espagne, et réserver à votre
roi un droit qui n'appartient qu'à lui? — Croyez-
moi, les moments sont chers, poursuivit Requelme : écoutez cet homme pieux et sage, qui
s'intéresse à vos malheurs. » Valverde alors prit
la parole. « Ne voulez-vous point, lui dit-il, adorer le Dieu des chrétiens? — Assurément, lui dit
le malheureux prince, si ce Dieu, comme on vous
l'annonce, est un Dieu bienfaisant, un Dieu puissant et juste, si la nature est son ouvrage, si le
soleil lui-même est un de ses bienfaits, je l'adore
avec la nature. Quel ingrat, ou quel insensé peut
lui refuser son amour? — Et vous desirez d'être

instruit, lui demande encore le perfide, des saintes vérités qu'il nous a révélées, de connaître son culte et de suivre sa loi ? — Je le desire avec ardeur, répond l'Inca ; je vous l'ai dit. Impatient d'ouvrir les yeux à la lumière, que l'on m'éclaire, et je croirai. — Graces au ciel, reprit Valverde, le voilà disposé comme je souhaitais. Implorez-le donc à genoux ce Dieu de bonté, de clémence ; et recevez l'eau salutaire qui régénère ses enfants.» L'Inca, d'un esprit humble et d'une volonté docile, s'incline et reçoit à genoux l'eau sainte du baptême. « Le ciel est ouvert, dit Valverde, et les moments sont précieux. » A l'instant il fait signe à ses deux satellites ; et le lien fatal étouffe les derniers soupirs de l'Inca.

Ce fut par les cris lamentables de ses enfants et de leurs mères, que la nouvelle de sa mort se répandit au lever du jour. Quelques Espagnols en frémirent ; mais la multitude applaudit à l'audace des assassins ; et l'on crut faire assez que de laisser la vie aux enfants et aux femmes de ce malheureux prince, abandonnés, dès ce moment, à la pitié des Indiens.

20.

Pizarre, indigné, rebuté, las de lutter contre le crime, après avoir chargé de malédictions ces exécrables assassins, et leurs partisans fanatiques, se retira dans la ville des rois (1), qui commençait à s'élever. La licence, le brigandage, la rapacité furieuse, le meurtre et le saccagement furent sans frein ; l'on ne vit plus, sur la surface de ce continent, que des peuplades d'Indiens tomber, en fuyant, dans les piéges et sous le fer des Espagnols. Des bords du Mexique arriva ce même Alvarado, cet ami de Cortès, ce fléau des deux Amériques. Rival des nouveaux conquérants, il vint se jeter sur leur proie, et s'assouvir d'or et de sang. Dans toute l'étendue de cet empire immense, tout fut ravagé, dévasté. Une multitude innombrable d'Indiens fut égorgée ; presque tout le reste enchaîné, alla périr dans les creux des mines, et envia mille fois le sort de ceux qu'on avait massacrés.

Enfin quand ces loups dévorants se furent enivrés du carnage des Indiens, leur rage forcenée

---

(1) Lima.

se tourna contre eux-mêmes. Le cri du sang d'Ataliba s'était élevé jusques au ciel. Presque tous
ceux qui avaient contribué au crime de sa mort,
en portèrent la peine; et tandis que les uns, pris
par les Indiens dans des lieux écartés, expiraient
sous le nœud fatal, les autres, justes une fois, s'é-
gorgèrent entre eux. L'exécrable Valverde (1), en
menant une bande de ces brigands à la poursuite
des Indiens qui s'étaient sauvés dans les bois,
tombe aux mains des Anthropophages, et brûlé,
déchiré vivant, dévoré par lambeaux avant que
d'expirer, il meurt le blasphème à la bouche,
dans la rage et le désespoir. Parjure et traître (2)
envers Pizarre, Almagre fut puni du plus honteux
supplice; et sa lâcheté mit le comble au juste opprobre de sa mort. Pizarre, dont le crime était

____

(1) Ici la vérité ferait horreur; j'y substitue la justice.

(2) Almagre avait juré de nouveau, sur une hostie consacrée, de ne rien entreprendre sur les droits de Pizarre, et
sa promesse avait été énoncée en ces termes : *Seigneur, si je
viole le serment que je fais ici, je veux que tu me confondes
et que tu me punisses dans mon corps et dans mon ame.* Il fut
parjure à ce serment.

d'avoir ouvert la barrière à tant de forfaits, Pizarre, trahi par les siens, mourut assassiné. Accablé sous le nombre, il succomba, mais en grand homme qui dédaignait la vie et qui bravait la mort. La guerre, après lui, s'alluma entre ses rivaux et ses frères. Cusco, saccagée et déserte, vit ses plaines jonchées des corps de ses tyrans. Les flots de l'Amazone furent rougis du sang de ceux qu'elle avait vus désoler ses rivages; et le fanatisme, entouré de massacres et de débris, assis sur des monceaux de morts, promenant ses regards sur de vastes ruines, s'applaudit, et loua le ciel d'avoir couronné ses travaux.

FIN DES INCAS.

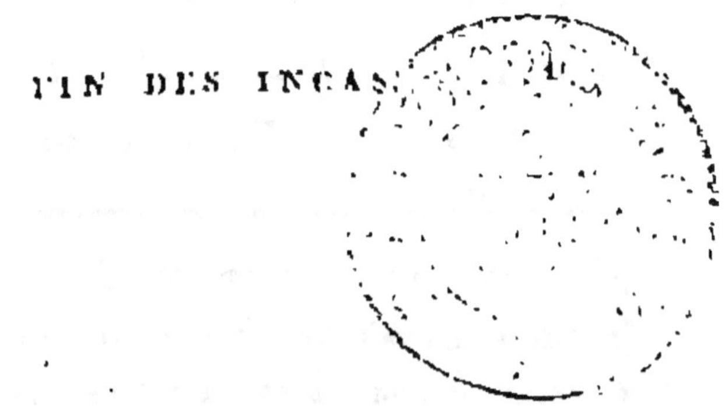

TABLE

DES CHAPITRES

DU TOME PREMIER.

18.

FIN DE LA TABLE DES CHAPITRES
DU TOME PREMIER.

TABLE
DES CHAPITRES
DU TOME SECOND.

FIN DE LA TABLE DES CHAPITRES
DU TOME SECOND.